Dieter Grillmayer
Zentralalpen I

Dieter Grillmayer:
Aus meinem Tourenbuch

Zentralalpen I

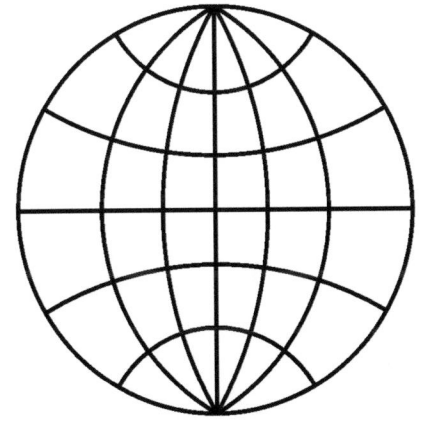

Schweiz
Süd- und Osttirol
Kärntner Nockberge

ISBN: 9783752896282
Zweite, verbesserte Auflage

Herstellung und Verlag:
BoD – Books on Demand, Norderstedt

Inhaltsverzeichnis

Vorwort

Das Schreiben von Sachbüchern dient mir im beruflichen Ruhestand vornehmlich als sinnvoller Zeitvertreib, wobei die Themen durch meine Ausbildung als Lehrer und Mathematiker und durch meine anderen Interessensgebiete und Freizeitaktivitäten bestimmt sind. Zu Letzteren zählt die Bergsteigerei ebenso wie das Fotografieren, sodass sich eine durch Farbbilder unterstützte Berichterstattung über entsprechende Unternehmungen anbietet. Daher ist bereits im Jahr 2015 ein etwa 200 Seiten starkes Taschenbuch mit dem Titel „Wandern und Bergsteigen für Senioren" entstanden, in dem über 70 von mir im Alter von 60+ durchgeführte Touren dokumentiert sind. Aufgrund von Verlagsproblemen war dieses Buch zeitweilig nicht lieferbar; inzwischen ist es aber wieder am Markt.

Das ist zwar erfreulich, konnte mich allerdings nicht mehr daran hindern, mit dem Hamburger Verlag „Books on Demand", der zu meiner vollsten Zufriedenheit bereits fünf Titel von mir herausgebracht hat, ein neues Projekt zu starten. Die Reihe „Dieter Grillmayer: Aus meinem Tourenbuch" soll aus sechs je etwa 100 Seiten starken Taschenbüchern bestehen, wovon das erste hier vorliegt. (Die Gesamt-Planung kann dem Text „Kleine Alpen-Geographie" auf Seite 87 entnommen werden.) Bei der Auswahl der Touren greife ich, im Vergleich zum oben genannten Buch, auch weiter zurück, doch scheitere ich dabei zunehmend am schlechten (oder auch gar nicht vorhandenen) Bildmaterial. Verblasste Papierbilder sind nicht zu gebrauchen, gute hingegen digitalisiere ich durch Abfotografieren, und für Dias (ab ca. 1985) benutze ich einen Scanner. Eine Digital-Spiegelreflex besitze ich erst seit 2010.

Dass ich mit dieser Veröffentlichung dazu beitragen möchte, die genannten Bergfahrten der geneigten Leserin, dem geneigten Leser schmackhaft zu machen, das versteht sich wohl von selbst. Vor allem aber geht es mir darum, diese Unternehmungen für meine Familie und für meine Bekannten, und da wiederum vor allem für meine Bergkameraden, zu dokumentieren. Darum nenne ich auch, hierin unterscheidet sich meine Arbeit ganz wesentlich von der „professionellen" Führerliteratur, in der Regel nicht nur den Zeitpunkt des Geschehens, sondern auch die Teilnehmer. Hauptsächliche Begleitperson war/ist meine Frau Rosemarie, die sich in früheren Jahren durchaus auch in felsigem Gelände und „auf allen Vieren" wohl fühlte, der ich heute aber nur mehr bequeme Almwanderungen zumute. Gipfelziele von einer Gastwirtschaft aus bewältige ich dann gelegentlich noch im Alleingang. Auf größeren Bergfahrten haben den Vater wechselweise die beiden Söhne Ekkehart und Roland, aber auch alte Freunde aus gemeinsamen Schultagen und Studienzeiten begleitet und tun das manchmal auch heute noch. Ebenso gehörten und gehören auch (ehemalige) Berufskollegen zu meinen regelmäßigen Bergkameraden.

Dass ich mich gerne so weit wie möglich ohne Muskelkraft nach oben bewege, ja meine Ziele geradezu nach dem Kriterium aussuche, wie viel man per Auto oder Seilbahn an Höhe gewinnen kann, mag mir vielleicht den Vorwurf mangelnden Umweltbewusstseins einbringen, erweitert jedoch die zu gewinnenden Ein- und Aussichten ganz erheblich. Im Übrigen wird die Fahrerlaubnis auf Forststraßen und Zufahrtswegen ohnehin laufend eingeschränkt, sodass es dem Vermeiden von bösen Überraschungen dienlich ist, sich vorab zu erkundigen. Gleiches gilt für die Betriebszeiten von Seilbahnen und die Bewirtschaftungszeiten von Almen, Berggasthäusern und Schutzhütten. Sie liefern auch wertvolle Hinweise darauf, welches Unternehmen zu welcher Jahreszeit machbar ist und welches nicht. Besonders im Frühsommer wird die Schneelage gerne unterschätzt. Hochtouren über 2.500 m sind kaum vor Mitte Juli, im Falle anhaltenden Schönwetters dann aber bis in den Oktober hinein möglich.

Auf graphische Wegbeschreibungen habe ich in diesem Büchlein zugunsten einer großzügigen Foto-Ausstattung weitgehend verzichtet und möchte auch weiterhin so verfahren. Schließlich ist es im Vorfeld jeder Tour gewiss eine genussvolle Sache, sich in eine passende Wanderkarte zu vertiefen, woran (auf Papier oder auf dem Bildschirm) ohnehin kein Mangel herrscht. Außerdem hoffe ich, die Ausgangspunkte und Wegverläufe (samt Beschaffenheit, Höhen- und Zeitangaben) verbal gut genug beschrieben zu haben, um zusammen mit Wegweisern, Farbmarkierungen und Steinmännern eine sichere Orientierung zu gewährleisten.

Dieter Grillmayer

8

01 Die Bella Tola (233)

Die Bella Tola (3.025 m) ist die höchste Erhebung im Grenzkamm zwischen dem französischsprachigen Val d' Anniviers – im Talschluss liegt der bekannte Fremdenverkehrsort Zinal – und dem deutschsprachigen Turtmanntal, das vom berühmten Walliser Weißhorn abgeschlossen wird. Neben diesem lässt sich vom Gipfel aus nach Süden hin die ganze Kette der Walliser Viertausender überblicken (Bild unten). Die Bergtour, die ich im August 2016 unternommen habe, ist technisch unproblematisch, gehört aber hinsichtlich Steigleistung doch zu den anspruchsvolleren leichten Dreitausendern, von denen in diesem Büchlein noch mehrere genannt werden. Die Tignousa-Standseilbahn bringt uns von St. Luc (ca. 1.650 m) zum Ausgangspunkt auf 2.186 m hinauf.

Das Val d' Anniviers wird durch eine Straße erschlossen, die von Sierre im Rhonetal nach Süden abzweigt und an der Ostlehne des tief eingeschnittenen Taleinganges in engen Kehren nach Vissoire hinauf führt. Hier links auf nochmals kehrenreicher Straße nach St. Luc, wo sich (nicht gut ausgeschildert) der Parkplatz der Talstation der genannten Seilbahn befindet. Für Wohnmobilfahrer ist dieser „Zustieg" eine Herausforderung.

Wegverlauf: Von der Bergstation geht es im Zick-Zack in 30 Minuten zum Berggasthaus Cabane Bella Tola hinauf, wo meine Frau

Rosemarie zurückbleibt. Durch das Almengebiet führt ein Wiesenweg, ein paar Schmelzwasserbäche querend, aber auch eine Straße
zum Fuß der Bella Tola hin.

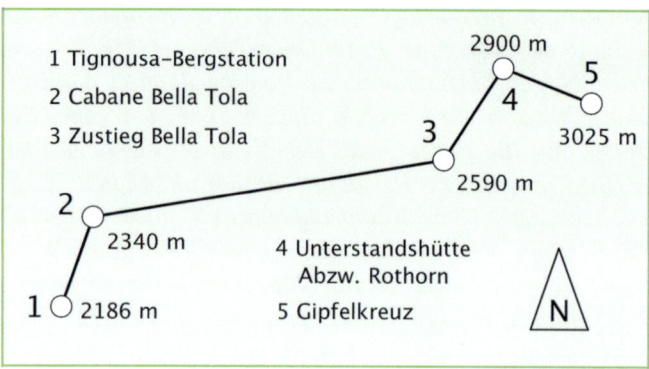

Nach einer Stunde (ab Cabane BT) wendet sich die Straße nach
rechts, geradeaus führt der Anstiegsweg bald in vielen Kehren wieder in einer Stunde zu einer großen Unterstandshütte hinauf. Knapp
danach kann man links zum etwas unter 3.000 m hohen Rothorn
abzweigen. Der Weg zum Tolagipfel zieht an dem im unteren Bild
gut sichtbaren Felszacken vorbei und verzweigt sich dann. Neben
einer kammnahen Variante und dem Normalweg über die breite
Schuttfläche kann man auch rechts um den Gipfel herum und dann,
ebenfalls durch Schutt, zum kleinen Gipfelkreuz hochsteigen.

Aufstieg zum Tola-Gipfel von der Straße (kurz vor P 3) aus gesehen

Ich habe dazu ab Hütte noch eine halbe Stunde gebraucht; die Luft ist eben schon etwas dünn da heroben.

Das spektakuläre nächste Foto zeigt vornehmlich den Kamm, der vom Tolagipfel zum Rothorngipfel hinführt, und einen „Gipfelstürmer" auf dem kammnahen Weg. Etwa in Bildmitte ist die Unterstandshütte zu erahnen.

Die Aussicht nach Süden hin ist atemberaubend, wie schon gezeigt. Unter den vielen Gipfeln stechen (von links nach rechts) vor allem das Weißhorn, das Zinalrothorn, das Matterhorn (mit der „abgeschnittenen" Spitze) und die Dent Blanche ins Auge.

02 Das Breithorn (424)

Das Breithorn (4.164 m), in den zentralen Walliser Alpen gelegen, gilt als der leichteste Viertausender im ganzen Alpenraum. Er ist auch der einzige Viertausender, den ich (im August 1992 mit Sohn Roland) bestiegen habe. Das liegt einmal daran, dass man von Zermatt aus auf 3.820 m hinauffahren kann, wo sich die höchstgelegene Seilbahn-Bergstation knapp unter dem Gipfel des Klein Matterhorn (3.889 m) befindet, und zweitens an dem ziemlich unproblematischen Aufstieg über einen meist schneebedeckten Gletscher und eine – allerdings bis zu 35° steile – Firnflanke.

Dass man mit dem Auto, im Rhonetal bei Visp nach Süden abzweigend, nur bis Täsch fahren kann, um dann Zermatt mit dem Zug zu erreichen, darf als bekannt vorausgesetzt werden.

Das obige Bild zeigt das weite Breithornplateau, das man, von der Seilbahn-Station kommend, durch einen Tunnel erreicht, im Gegenlicht; rechts hinten stehen die Zwillinge. Der Normalanstieg führt auf dem überfirnten Gletscher in einem weiten Linksbogen zunächst nach Süden entlang einer Lifttrasse zu einem Sattel auf 3.796 m hinunter, dann in östlicher Richtung zum Breithornpass und schließlich über den Südwesthang steil zum Bergrücken hinauf (Bild unten).

Über den breiten Rücken erreicht man den westlichsten – und zugleich höchsten – Gipfel des Breithorns (4.164 m). Das Gipfelpanorama reicht vom Matterhorn im Westen über Dent Blanche, Zinalrothorn und Weisshorn im Nordwesten, der Mischabelgruppe im Nordosten bis zum Liskamm, dem Monte-Rosa-Massiv und den Zwillingen Castor und Pollux im Osten.

Blick vom Breithorn-Mittelgipfel auf Monte Rosa und Zwillinge

Bis zum Westgipfel haben wir knapp 1 ½ Stunden gebraucht. Von hier gehen wir noch am Grat entlang zum Mittelgipfel (4.159 m), dann zurück in den zwischen den zwei Gipfeln befindlichen Sattel, von diesem direkt zum Plateau hinunter und zuletzt über den Hinweg zurück zur Seilbahn.

03 Das Großmuttenhorn (433)

Das Großmuttenhorn (3.099 m) liegt im Süden des Furkapasses (2.431 m), der Scheitelstelle der Schweizer B19, die das Vorderrheintal über Andermatt mit dem Rhonetal verbindet. Die Passhöhe ist Anfangs- und Endpunkt des Unternehmens, das von dort bis zum Gipfel ca. drei Stunden in Anspruch nimmt, zurück dann gute zwei Stunden. Auch diese Tour habe ich im August 1992 mit Roland gemacht, hinsichtlich der Wegbeschaffenheit ist sie aber bei weitem problematischer als die Besteigung des Breithorns.

Das linke Foto ist von der Südwestrampe der Passstraße aus aufgenommen worden, und zwar sicher schon unterhalb der 2.000-Meter-Marke. Der Wegverlauf lässt sich anhand dieses Fotos recht gut beschreiben. Der kleine Muttgletscher wird auf einem von der Passhöhe in südlicher Richtung weitgehend waagrecht verlaufenden Militärsträsschen und zuletzt über die linke Seitenmoräne angegangen, was ca. eine Stunde beansprucht. In dem im Bild helleren, spaltenarmen Bereich sind wir dann zur Mitte des oberen Randes (ca. 2.900 m) aufgestiegen, und weiter über Blankeis, Schutt und Felsen in der Direttissima zum Grat hinauf, der vom Gipfel nach rechts abfällt. Das war die heikelste Passage des ganzen Unternehmens, aber immer noch besser als ein Schräggang in der Flanke, wie in meinem Tourenbuch vermerkt ist.

Das rechte Foto zeigt das letzte, eher problemlose Wegstück auf dem Grat bis zum Gipfelaufbau hinauf. Die Aussicht lässt nichts zu wünschen übrig: Im Norden der Dammastock, darunter der Rhonegletscher, im Osten das Gotthardmassiv, dann nach Süden hin der Blick ins Tessin, schließlich die Walliser Viertausender im Südwesten und – wesentlich näher – im Westen und Nordwesten die Viertausender der Berner Alpen, wie im nächsten Bild dokumentiert.

14

04 Das Flüela-Schwarzhorn (233)

Das Flüela-Schwarzhorn (3.146 m) wird von einem Parkplatz auf ca. 2.330 m aus angegangen, der sich, wenn man von Susch zum Flüela-pass hochfährt, ca. 1 km vor der Passhöhe linker Hand befindet. Das ganze Unternehmen auf einem markierten Wanderweg, der erst im letzten Drittel richtig „gebirgig" wird, beansprucht im Hinweg etwa drei Stunden und zurück etwa zwei Stunden.

Flüelapass (Bildmitte) mit Weißhorn links und Schwarzhorn rechts

Der Flüelapass (2.380 m) ist Scheitelpunkt der Schweizer B28, welche den bekannten Schweizer Luftkurort Davos mit Susch im Unterengadin verbindet und von Österreich aus am besten über Innsbruck-Landecker Tunnel-Finstermünz (Staatsgrenze) erreicht wird.

Wer von Davos aus den Flüelapass hochfährt, der gelangt in „Dörfji" zur Talstation einer Seilbahn, die ihn auf 2.483 m bringt, und von dort aus kann in knapp zwei Stunden ganz gemütlich eine mit braunem Schotter und Steinplatten bedeckte Bergkuppe namens Pischahorn (2.980 m) bestiegen werden. Am Tag nach der Schwarzhorn-Besteigung (Juli 1999) haben meine Frau und ich das gemacht; das vorseitige Bild ist vom Pischahorn aus aufgenommen worden.

Auf das Schwarzhorn: Zuerst mäßig steil über Wiesen zu einer Quelle, wo sich der gute Weg, allmählich steiler werdend, einem Sattel (der „Furgga") zwischen dem Radüner Rothorn und dem Schwarzhorn zuwendet. Dorthin, zuletzt über Schneereste, und dann am Südgrat bzw. in dessen linker Flanke über Schrofen und Platten zum Gipfel hinauf.

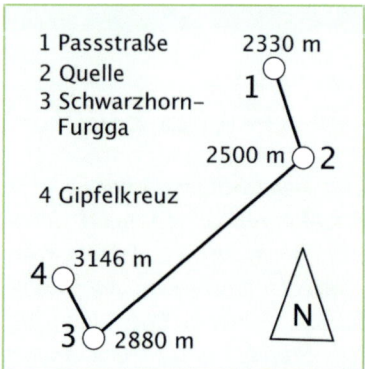

Dem Gipfel entgegen

05 Der Piz Morteratsch (443)

Der Piz Morteratsch (3.751 m) ist der Hauptkette der Bernina-Alpen nördlich vorgelagert. Ausgangspunkt ist Pontresina (1.803 m), wo es beim Bahnhof einen großen Langzeitparkplatz gibt. Die ersten 7 km ins Val Roseg bis zum Hotel Roseggletscher (ca. 2.000 m) kann man auch in einer Pferdekutsche zurücklegen. Von dort bis zur Tschiervahütte (2.580 m) sind wegen der Länge des Weges mindestens zwei Stunden zu veranschlagen, für den Gipfelanstieg über Fels, Eis und Firn am nächsten Tag dann weitere vier Stunden.

Der Piz Morteratsch bleibt höhenmäßig nur 47 m hinter dem Großglockner zurück, steht jedoch den höheren Berninabergen des Hauptkammes direkt gegenüber, was ihm den Ruhm einbringt, eine der besten Aussichtskanzeln im ganzen Alpenraum zu sein. Das nebenstehende Bild ist anlässlich der Besteigung des Munt Pers (Tour 06) von dort, also von NO aus, gemacht worden.

Pontresina wird von Norden aus am besten erreicht, wenn man (siehe Tour 04) dem Inn flussauf folgt und von der Schweizer B27 knapp vor St. Moritz nach links zum Berninapass abzweigt.

Die Straße und der Fußweg von Pontresina zum Hotel Roseggletscher verlaufen in kaum merklicher Steigung durch schütteren Wald, beim Hotel weitet sich dann das Tal und über dem Weideboden steigt der Roseggletscher auf. Der gute Weg führt zunächst immer noch mit geringer Steigung am östlichen Talrand entlang, später in Serpentinen links einen Grashang hinauf und zunehmend steiler in einem weiten Linksbogen, nun durch Geröll, der Tschiervahütte entgegen. Nach dem Piz Roseg rücken zunächst der Piz Scerscen, dann der Piz Bernina und zuletzt der Piz Morteratsch in unser Blickfeld. Die Hütte ist ein kalter Steinbau mit einer unschönen schachtelför-

17

migen Erweiterung aus Holz, typisch für Schweizer Hütten, die nur funktionell, aber nicht gemütlich sein wollen.

Die Tschievahütte und der Weiterweg, der links hinaufführt

Spartanisch auch die Frühstücksordnung: 4 Uhr für Roseg-Besteiger, 5 Uhr Bernina, 6 Uhr Morteratsch, wer zu spät kommt hat Pech gehabt. Wir kamen erst um 6 Uhr 30, konnten also gleich aufbrechen.

Der Piz Roseg in der Morgensonne

Bereits ein paar Minuten hinter der Hütte geht es links zu einem kleinen Wasserfall, wo mit Leiter und Kette eine Steilstufe zu überwinden ist. Dann auf immer schlechter werdendem Weg mäßig steil bis steil durch Blöcke, Schotter, Schrofen, Wasser und Firn in gut 1 ½ Stunden zum Gletscherrand auf ca. 3.100 m hinauf. Hier werden die Steigeisen angelegt, Pickel und Seil vermitteln Sicherheit, wären angesichts des weiteren Wegverlaufs und unter den gegebenen Verhältnissen (Juli 2004) allerdings verzichtbar. Aber Sohn Roland besteht auf deren Verwendung, ganz gleich, wie der Gletscher gerade „ausschaut".

Erster Blick nach Osten (Piz Palü) am oberen Gletscherrand

Der Weiterweg führt nach einem kurzen Steilstück bald in einem weiten Rechtsbogen über den fast waagrechten, daher spaltenarmen und gut überfirnten Morteratschgletscher. Sein oberer (östlicher) Rand wird von Felszacken begrenzt, neben denen wir rechts zum Firn aufsteigen, der das Haupt unseres Berges bedeckt, siehe dazu das erste Foto in diesem Tourenbericht. Bei einem Durchblick nach Norden und Osten auf ca. 3.450 m ist eine Rast fällig, ehe wir im Firn und auch wegen der Höhe mühsam zum Gipfel hinaufstapfen, der um 11 Uhr errreicht wird.

Die Aussicht ist schon gerühmt worden. Ein besonderer Blickfang ist der zum Piz Bianco hinausführede Biancograt im Nahblick, dahinter der Piz Bernina, links davon reihen sich Crast'Agüzza, Bellavista, Piz Palü und Piz Cambrena aneinander, rechts davon Piz Scerscen und Piz Roseg.

Crast'Agüzza, Piz Bernina/Bianco, Piz Scerscen, Morteratschgipfel

Den Rückweg bis zum Hotel Roseggletscher absolvieren wir in Einem, da die Tschiervahütte nicht unbedingt zum Verweilen einlädt. Nach 4 ½ Stunden sind wir beim Hotel, mit dem Pferdefuhrwerk geht es nach Pontresina und um Mitternacht sind wir wieder zuhause.

06 Diavolezza und Munt Pers (213)

Bei gutem Wetter ist die Besteigung des 3.207 m hohen Munt Pers in der Bernina von der Diavolezza (2.973 m) aus eine ganz problemlose Unternehmung von 1 ½ bis zwei Stunden Dauer (hin und zurück).

Auf die Diavolezza – der Name des Platzes und der dort befindlichen Gaststätte/Herberge hat etwas mit Diavolo, dem Teufel, zu tun – gelangt man mit einer Gondelbahn (oder auch zu Fuß) von der Schweizer B29 aus, die von Pontresina zum Berninapass (2.330 m) und weiter durch das Puschlav ins italienische Tirano führt. Die Talstation des Liftes befindet sich etwa auf halbem Weg zwischen dem Ort Morteratsch, von wo aus der Munt Pers übrigens als mächtiger Berg erscheint, und dem Lago Bianco unterhalb der Passhöhe.

Ich kenne kein schöneres Bergpanorama, das sich dem Bergfreund ohne jede Mühe bietet, als jenes von der Diavolezza auf den südlich davon dahinziehenden Bernina-Hauptkamm, wie er beim Tourenbericht 05 bereits beschrieben worden ist. Das folgende Foto zeigt Rosemarie vor einem Fenster der Seilbahn-Bergstation, die Kette der Bernina-Alpen erscheint daher seitenverkehrt, links Piz Bernina, Mitte Bellavista und rechts Piz Palü.

Von der Diavolezza zum Gipfel des Munt Pers führt ein sanft ansteigender sandig-steiniger Panoramaweg mit der bereits genannten hervorragenden Aussicht, wobei Piz Bernina und Piz Morteratsch immer näher rücken.

Weg von der Diavolezza auf den Munt Pers

21

Gipfelfoto mit Piz Palü (Bildmitte) und Bellavista (rechts)

07 Der Piz Umbrail (223)

Der Piz Umbrail (3.033 m) ist ein Grenzberg zwischen der Schweiz und Italien, er kann aus dem Italienischen (Pfostenmarkierung weiß-rot-grün-weiß) oder über die Schweizer Seite (weiß-rot-weiße Markierung) bestiegen werden. Beide Wege nehmen beim Zollhaus am Umbrailpass (2.505 m) ihren Ausgang. Der Aufstieg ist in 1 ½ Stunden zu bewältigen, der Abstieg in einer knappen Stunde.

Gipfelaufbau des P. Umbrail, rechts über Schotter der Schweizerweg

Der Umbrailpass ist die Scheitelstelle einer Straßenverbindung, die von dem im Tourenbericht 06 genannten italienischen Tirano über Bormio in das Val Münstair führt und dort bei Santa Maria in die Schweizer B28 einmündet, welche das Unterengadin mit dem Vinschgau verbindet. Von Österreich aus daher am besten über den Reschenpass (1.504 m) oder von Meran her nach Glurns im Vinschgau fahren und von dort über Santa Maria zum genannten Zollhaus hinauf. Die Straße ist zwar schmäler als die über das Stilfserjoch, siehe Tour 08, kommt aber mit wesentlich weniger Kehren aus.

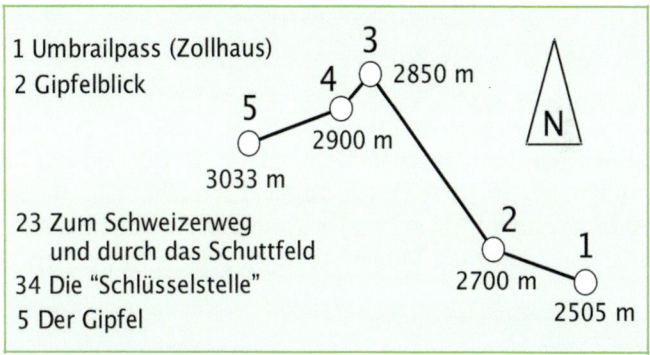

Die Höhenangaben bei den Punkten 2, 3 und 4 sind nur geschätzt

Den Piz Umbrail habe ich im September 2014 bei mäßigem Wetter alleine erstiegen. Der italienische Weg führt im Zick-Zack entlang der Pfosten und an Resten von Schweizer Grenzbefestigungen aus dem Ersten Weltkrieg vorbei einen begrasten Höhenrücken hinauf, der die Sicht auf mein Gipfelziel zunächst verstellt. Nach 30 Minuten ist der Gipfelaufbau aber dann vollständig im Blickfeld, siehe das Foto auf Seite 22. Der Schweizerweg rechts herum durch eine mächtige Schutthalde ist gut sichtbar und verlockt dazu, ihn über den nur mehr schwach ansteigenden Almboden anzusteuern.

Dieser Weg ist tatsächlich recht bequem und an der felsigen Nordflanke des Berges durch Ketten gut gesichert. Gleichwohl ist das die „Schlüsselstelle" der ganzen Tour. Das nächste Bild zeigt diese Passage. Im oberen Teil geht es nur mehr leicht bergan, der Gipfel ist schon von weitem zu erkennen. Er trägt allerdings kein Kreuz, sondern nur ein Markierungszeichen. Ein paar Minuten unter dem Gipfel in einem Sattel dürfte der italienische Weg heraufkommen.

Die Aussicht ist rundum beeindruckend, wiewohl natürlich die nahe Ortlergruppe im SO den Blick magisch anzieht. Das untere Foto zeigt sie hinter dem Stilfserjoch (in Bildmitte) sowie links davon die Rötelsitze und rechts den Monte Scorluzzo, siehe Tourenbericht 08.

08 Rötelspitze und Monte Scorluzzo (223)

Die Wege zur Rötelspitze und zum Monte Scorluzzo nehmen vom riesigen Stilfserjoch-Parkplatz (ca. 2.750 m) ihren Ausgang und sind für trittsichere Geher völlig unproblematisch. Obwohl sie weniger hoch ist sind wegen der größeren Entfernung (und eines leichten Bergab) für die Rötelspitze (3.025 m) 2 ½ Stunden zu veranschlagen, für den Monte Scorluzzo (3.095 m) hingegen nur knapp zwei Stunden, jeweils hin und zurück.

Aufstieg zur Rötelspitze, im Hintergrund der Ortler (3.905 m)

Eine der wenigen Möglichkeiten, an einem Tag gleich zwei eigenständige Dreitausender mit wenig Mühe erobern zu können, eröffnet sich vom Stilfserjoch (2.757 m) aus. Wer die ab Trafoi extrem kehrenreiche Zufahrt auf der italienischen SS38, die von Meran daherkommt und bei Spondinig das Etschtal verlässt, meiden will, dem sei der – vom Reschenpass aus gerechnet – kaum längere und schon bei Tour 07 beschriebene Weg über die Schweiz (Glurns – Santa Maria – Umbrailpass) empfohlen. Kurz nach Passieren des Zollhauses geht es links noch 250 Höhenmeter zum Stilfserjoch hinauf.

Der vom Col de l'Iseran nur um fünf Meter übertroffene zweithöchste Alpenübergang wurde im frühen 19. Jahrhundert als Verbindung zweier Reichsteile geschaffen, nämlich zwischen Tirol und der Lombardei, die damals zur Habsburger-Monarchie gehört hat und über das oberste Veltlin (Bormio) vom Stilfserjoch aus erreicht werden kann. Im Jahr 1859, als Österreich die Lombardei an das italienische Königreich abtreten musste, büßte der Pass diese Funktion ein, der Zugang über Trafoi war aber im Ersten Weltkrieg für die Versorgung

25

der österr. Gebirgstruppen an der Ortlerfront von großer strategischer Bedeutung. Heute ist der Übergang vor allem eine Touristenattraktion mit allen Vor- und Nachteilen.

Vom Parkplatz kann man in etwa 15 Minuten auf einem Fahrweg zur nördlich des Passes gelegenen Dreisprachenhütte (2850 m) aufsteigen und ist dem Trubel dann schon ein wenig entrückt. Der Name der Hütte bezieht sich auf das Aufeinandertreffen des Deutschen, des Italienischen und des Rätoromanischen in dieser Ecke. Wir wenden uns von da aus nach Norden, wo ein gut sichtbarer Weg zu einer Einsattelung (ca. 2.800 m) rechts von der Rötelspitze führt. In deren Ostflanke geht es dann leicht bergauf zum felsigen Kamm, der in sanfter Steigung zum Gipfel führt, eine gute Stunde ab Hütte. Der Blick schweift vom nahen Ortler nach rechts zur Bernina, aber auch nach links zu den Ötztaler Alpen mit der von Gletschern umgürteten Weißkugel.

Trotz Einkehr in der Dreisprachenhütte auf dem Rückweg zum Auto erlaubt es die Zeit, auch noch die Aussichtswarte direkt über dem Stilfserjoch, den Monte Scorluzzo, in Angriff zu nehmen. Der Aufstieg wird in einer Stunde bewältigt, zuerst auf einem Güterweg in südlicher Richung, dann geht es rechts in Kehren den Osthang hinauf und zuletzt auf dem Höhenrücken zum Gipfel. Im Nahblick der Stilfser Gletscher, das größte Sommer-Skigebiet in den Alpen.

Auf dem Gipfel des Monte Scorluzzo

Mit dem Monte Scorluzzo verbindet sich auch eine Episode aus dem Ersten Weltkrieg. Da der Gipfel im Italienischen lag und das österreichische Militär in diesem Frontabschnitt den strikten Befehl hatte, die Grenze nicht zu überschreiten, konnten die Italiener dort eine Feuerleitstelle einrichten, wodurch auch Trafoi unter Beschuss kam. Darüber verärgert bildete die dortige Feuerwehr einen Stoßtrupp, welcher den Gipfel nachhaltig eroberte. Er blieb nämlich bis zum Kriegsende österreichisch.

09 Die Seebodenspitze (232)

Die Seebodenspitze (2.859 m) befindet sich westlich des Reschensees im obersten Vinschgau über der Haider Alm (2.120 m), zu der eine Gondelbahn von St. Valentin auf der Heide herauführt. Sobald nach einem steileren unteren Teil die Hochalm (mit Vieh-Unterstand) erreicht ist geht es recht gemütlich zum Gipfel hinauf, den ein großes Metallkreuz ziert. Die Aussicht ist ähnlich beeindruckend wie von der im Anschluss vorgestellen Tiergartenspitze, zu der man hinüberschauen kann. Das ganze Unternehmen (von der Haider Alm zum Gipfel und zurück) nimmt etwa 3 ½ Stunden in Anspruch.

Hochalm, dahinter der Gipfel der Seebodenspitze

St. Valentin liegt am südlichen Ende des Reschensees, der vor allem aufgrund des aus ihm herausragenden Kirchturms bekannt ist. Von

Österreich kommend folgt man dem Inntal auf der A12 bis Zams und erreicht dann über den Landecker Tunnel die B180, die zum Reschenpass (Staatsgrenze) hochführt. Weiter auf der italienischen SS40 am See entlang (Abzweigung bei Graun ins Langtauferertal, Tour 10) bis St. Valentin. (Die SS40 begleitet die junge Etsch bis Meran, heißt aber ab Spondinig SS38.)

Das obige Bild zeigt den Gipfelblick nach Süden zur Ortlergruppe, in Bildmitte der Hauptgipfel, links davon zuerst die Königspitze und dann der Monte Cevedale und die Zufallspitzen, siehe Tour 12.

10 Die Tiergartenspitze (233)

Dieser 3.068 m hohe Dreitausender, den ich – wie auch die Seebodenspitze - im August 2013 im Alleingang bestiegen habe, befindet sich im Westen von Österreichs dritthöchstem Berg, der Weißkugel (3.739 m), und gehört zu dem auf Südtiroler Boden liegenden Teil der westlichen Ötztaler Alpen. Der Maseben-Sessellift bringt uns aus dem Langtauferer Tal rasch auf 2.270 m zum GH Atlantis hinauf, wo der Weg mit der Nr. 19 seinen Ausgang nimmt. Mit 800 zu bewältigenden Höhenmetern ist die Tiergartenspitze konditionell schon etwas anspruchsvoll, die Anstrengung wird aber durch die grandiose Aussicht und gegebenenfalls sogar durch eine persönliche Begegnung mit Bewohnern des „Tiergartens" reichlich belohnt. Der Weg ist gut markiert und nur im Mittelstück steil und steinig, aber (bei trockenem Wetter) nirgends rutschig und/oder ausgesetzt; 2 ½ Stunden für den Aufstieg und unter zwei Stunden für den Abstieg sollten allemal ausreichen.

Das Langtauferer Tal erschließt eine gute Straße, die in Graun von der italienischen SS40 nach Osten hin abzweigt, siehe Text von 09. Auf ihr gelangt man nach ca. 8 km zur Talstation des nach Süden hochführenden Sessellifts, welche rechts unten am Bach liegt. Parkplatz ist ausreichend vorhanden.

Das GH Atlantis, dahinter Langtauferertal, dahinter Ötztaler Berge

Von der für den Winterbetrieb groß ausgebauten Gastwirtschaft führt Weg Nr. 19 zunächst nur in sanfter Steigung nach Süden talein, im Vorblick ist rechts oben das Ziel am Gipfelkreuz identifizierbar. Nach gut 20 Minuten geht es etwas steiler rechts hinauf zu einem Weideboden und schließlich, immer steiler werdend, in der steindurchsetzten Ostflanke dem (von hier aus nicht sichtbaren) Gipfel entgegen.

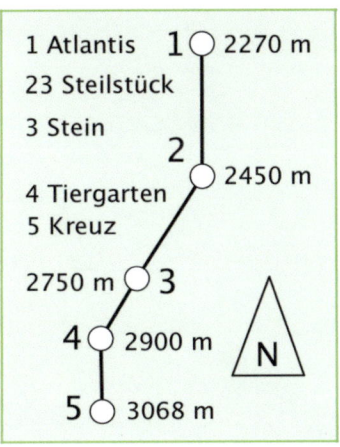

1 Atlantis   1 ◯ 2270 m
23 Steilstück
3 Stein
            2
              ◯ 2450 m
4 Tiergarten
5 Kreuz

2750 m ◯ 3

4 ◯ 2900 m   ⬠ N

5 ◯ 3068 m

Bei einem großen Stein (Bild links oben) haben wir das Ärgste hinter uns, der Weg führt nur mehr mäßig steil zu einer Mulde hinauf, die wegen der dort gerne aufhältigen Gämsen und Steinböcke – Murmeltiere und Schneehühner kann man schon weiter unten beobachten – als „Tiergarten" bezeichnet wird und über der sich die gleichnamige Spitze erhebt (Bild unten). Der Gipfelaufbau ist ein „Schotterhaufen", wie das auch bei anderen Zentralalpen-Bergen um die 3.000 m, z. B. beim Gipfelziel von Tour 13, der Fall ist.

Der höchste Punkt (mit großem Kreuz) wird entweder in der Direttissima oder in einer Schleife nach rechts und dann über den Kamm erreicht. Die Rundblick ist natürlich grandios, die Ortlergruppe im Süden ergänzt jetzt noch die Aussicht auf die „Ötztaler" mit der dominierenden Weißkugel im Osten. Das untere Bild zeigt diesen höchsten Berg im Grenzkamm zwischen Nord- und Südtirol allerdings nicht mehr vom Gipfel aus, sondern bereits im Abstieg.

11 Das Hintere Schöneck (333)

Dieser 3.128 m hohe Berg ist weder „schön", weil er in einer nur schwach gegliederten Kette liegt, noch ist es der Weg dort hinauf, und das Wetter war an diesem 1. August 2003 auch nicht besonders. Aber nach der Rötelspitze und dem Monte Scorluzzo (Tour 08) wollten meine Frau und ich noch einen dritten „leichten" Dreitausender machen, aber das war das Hintere Schöneck nun wirklich nicht. Das Bergsteigerdorf Sulden inmitten der Ortlergruppe zu besuchen ist aber ein Muss und ein Ausflug zur Düsseldorfer Hütte (2.727 m) ein reines Vergnügen von einer guten Stunde Gehzeit, weil man bis zur „Kanzel" (2.350 m) mit einem Sessellift hochfahren kann. Nach der Hütte links über den Bach die nach SW abfallende Lehne durch Schuttströme und über Granitblöcke hochsteigen, das ist dann kein reines Vergnügen mehr. Von der Hütte bis zum Gipfel haben wir 1 ½ Stunden gebraucht und zurück nicht viel weniger.

Das linke Foto zeigt schwach rechts von der Bildmitte (schemenhaft) die Düsseldorfer Hütte, von wo es dann links die Berglehne hochgeht. (Eine Gesamtansicht samt Gipfel veranschaulicht das erste Bild im Tourenbericht 12.) Das rechte Foto zeigt das kleine Gipfelkreuz, das ich als Kleiderständer benützt habe.

Nach Sulden gelangt man auf einer 9 km langen Straße, die bei Gomagoi von der SS38 abzweigt, welche von Meran im Etschtal aufwärts bis Spondinig und dann links zum Stilfserjoch hinaufführt. Die übliche Anreise erfolgt also von Meran aus, aber man kann auch im Tiroler Inntal aufwärts und über den Reschenpass zufahren, wie bei Tour 09 beschrieben. Über das Stilfserjoch anzureisen stellt wohl nur im Zusammenhang mit den von dort aus zu besteigenden leichten Dreitausendern eine sinnvolle Option dar.

12 Die Hintere Schöntaufspitze (233)

Der mit 3.325 m höchste von mir bestiegene Dreitausender, den ich noch als „leicht" zu bezeichnen wage, erschließt sich vom Sulden aus mit der angeblich größten Luftseilbahn der Welt – vier Gondeln zu je 110 Personen sind gleichzeitig unterwegs. Sie startet im Talschluss und führt in zwei Abschnitten zur Schaubachhütte (2.581 m) hinauf. Auf durchwegs schönem Weg geht es über die Madritschhütte (2.820 m) zum Madritschjoch (3.123 m) in 1 ¾ Stunden und dann über den Bergrücken in 40 Minuten zum Gipfel hinauf.

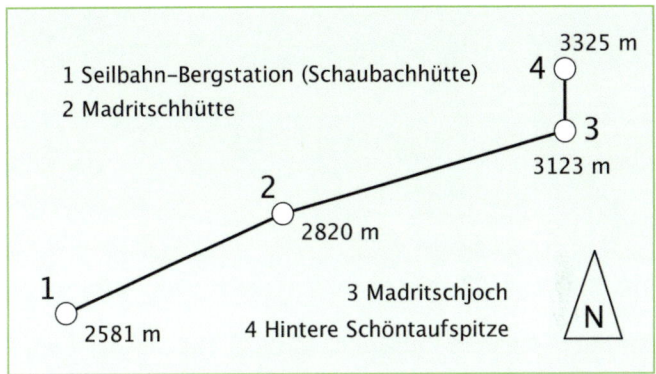

Wir haben diese Tour im August 2012 bei strahlendem Wetter in Angriff genommen, und angesichts der Prachtlandschaft, in der vor allem die nahe Königspitze und der Ortler im Westen hervorstechen, sind dabei besonders schöne Fotos entstanden. Das folgende ist vom Panoramaweg zur Madritschhütte aus gemacht worden, der durch ein Gebiet führt, das im Winter den Schifahrern gehört, und zeigt in Bildmitte das im Norden stehende Hintere Schöneck (Tour 11).

Madritschhütte, darüber (weit hinten) die Hintere Schöntaufspitze

Nach der durch mehrere Zubauten, darunter ein Glaspavillon, für den Winterbetrieb großzügig ausgelegten Madritschhütte, wo Rosemarie zurückbleibt, wird der Weg zwar teilweise steiler als zuvor, bleibt aber eben und sandig, was mir in dieser Höhe sonst kaum wo begegnet ist. Gleiches gilt für die Schafe, die knapp unter dem Madritschjoch am Wegrand stehen.

Ab dem genannten Joch, das einen Übergang vom Suldental ins Martelltal erlaubt, geht es nun links zum Gipfel hinauf. Der Steig führt zuerst über felsigen Grund, dann folgt ein steileres Stück, erdig mit

34

größeren Steinbrocken, und zuletzt wieder flacher, alles in allem kein Problem. Gerade an der steilsten Stelle kommt mir ein älterer Herr entgegen, der mich nach meinem Alter fragt und sich selber als der 79jährige Hermann aus der Steiermark outet.

Den Gipfel ziert ein Minikreuz, dafür ist auf ihm eine Solaranlage (zwei Module) installiert. Im Westen ist der Prachtblick auf König-spitze, Zebru und Ortler (Bild oben) zu genießen, im Süden jener auf den Monte Cevedale, während im Norden der Hohe Angelus und die Vertainspitze den Blick auf die Bergkette des Schönecks verdecken.

Der Monte Cevedale (3.778 m) im Zentrum der Ortlergruppe

35

13 Im Hinteren Eis über'm Hochjoch (223)

Der 3.270 m hohe Berg mit diesem sonderbaren Namen, der sich wohl vom Hintereisferner – oder umgekehrt – ableitet, liegt im Hauptkamm (Grenzkamm) der Ötztaler Alpen. Seine Besteigung ist zwar technisch völlig harmlos, aber als Tagestour vielleicht doch schon etwas mühsam. Nicht hingegen bei Übernachtung im GH Schöne Aussicht (2.842 m) auf dem Hochjoch, in den Karten auch als Alb. (oder Rif.) Bellavista bezeichnet. Dieses Berggasthaus macht nicht nur seinem Namen alle Ehre, sondern bietet auch den Komfort einer Talherberge. Vollends bequem wird die Sache bei Benützung der Grawand-Gondelbahn mit der höchstgelegenen Bergstation Italiens auf ca. 3.200 m. In diesem Fall ist für den Abstieg von der Seilbahnstation bis zum Hochjoch eine Stunde zu veranschlagen sowie 1 ¼ Stunden von dort auf den Gipfel (428 Höhenmeter). Der Abstieg vom Hochjoch nach Kurzras (2.010 m) auf dem Steig, auf dem jedes Jahr über tausend Schafe im Juni aus dem Schnalstal in das Ötztal getrieben werden und Mitte September dann wieder zurück, nimmt knapp zwei Stunden in Anspruch. (Im Aufstieg werden für die 832 Höhenmeter wohl gut 2 ½ Stunden zu veranschlagen sein.)

Das Hochjoch mit dem GH Schöne Aussicht

In Kurzras endet die Straße, welche das Südtiroler Schnalstal erschließt und die bei Naturns von der Vinschgauer Staatsstraße SS38 nach Norden abzweigt. Die Funktion der Grawandbahn (mit großem

Parkplatz) besteht vor allem darin, Schifahrer in das Sommerschige-
biet auf dem Hochjochferner zu bringen; neben der Bergstation befindet sich ein großes Hotel.

Wir Bergwanderer (u. a. Rosemarie und ich) halten uns sofort links,
wo es auf sandig-steinigem Weg neben dem Gletscher hinunter geht.
Der Nahblick auf diesen, auf Lifte und Ratraks ist wenig beglückend,
Schifahrer sind kaum noch unterwegs, allerdings haben wir den 9.
September 2006, die Saison ist vorbei. Über dem Gletscher erhebt
sich mit der Fineilspitze (3.514 m) allerdings ein mächtiger Berg im
Hauptkamm der Ötztaler Alpen, der danach zum Hochjoch abfällt.
Dieses – samt Gasthaus – wird für uns allerdings erst nach dem Er-
reichen einer Geländekante sichtbar, wo es dann links hinunter geht.
Im Norden ist die Wildspitze, mit 3.768 m der zweithöchste Berg
Österreichs, ein Blickfang.

Wir steigen auf einem ungepflegten Weg zum Joch ab und gehen
neben dem hier nur mehr rudimentär vorhandenen Hochjochferner
auf unser Nachtquartier zu, welches schon wieder leicht erhöht am
Gegenhang liegt.

Weißkugel und Hintereisferner, vom Hinteren Eis aus gesehen

Nach dem Hochjoch steigt der Grenzkamm zwischen Italien und
Österreich nach Westen hin wieder an und erreicht mit der bereits bei
Tour 10 erwähnten Weißkugel (3.739 m) seinen Höhepunkt. Im Hin-

teren Eis ist eine eher unauffällige Erhebung in diesem Abschnitt. Der Aufstieg ist mit Steinmännern markiert und unspektakulär wie der Gipfel selber, umso spektakulärer ist dafür die Aussicht, die sich von hier oben vor allem auf die Weißkugel und auf den von ihr herabziehenden Hintereisferner bietet.

Richtung Süden blicken wir nach Kurzras hinunter, rechts dahinter steht die Ortlergruppe am Horizont, linker Hand die Fineilspitze, welche den Blick auf den östlichen Teil des Ötztaler Hauptkammes (mit Similaun, Hintere Schwärze und Hochwilde) verdeckt.

Die Schafe kommen!

Am nächsten Vormittag gehe ich ein Stück den Schafen entgegen, die von Vent zum Hochjoch heraufkommen. Hier wird dann ausgiebig gerastet, bevor es steil nach Kurzras hinunter geht. Wir brechen klugerweise eine halbe Stunde von den Schafen auf, sonst hätten sie uns überholt, was man sich auf dem teilweise kaum einen Meter breiten Steig nicht wünschen muss. Im Tal herrscht Volksfeststimmung, die Ankunft der Schafe wird mit großem Hallo begrüßt.

14 Eisfrei auf die Hochwilde (343)

Die Hohe Wilde oder Hochwilde (3.480 m) steht im östlichen Teil des Ötztaler Hauptkammes dort, wo dieser seine Richtung ändert

und nach Norden auf das Timmelsjoch zuläuft. Sie ist nicht so „wild"
wie ihr Name, besitzt sie doch einen eisfreien Zustieg von der Stetti-
ner Hütte (2.875 m) aus über den Grützmacherweg. Mit Sohn Ekke-
hart und seiner Frau Regina habe ich die Hochwilde Ende August
2008 vom Südtiroler Bergdorf Pfelders (1.630 m) aus in Angriff ge-
nommen. Den ersten Abschnitt bis zur Lazins Alm (1.882 m) haben
wir mit einer Pferdekutsche bewältigt, die beim Steinerhof in Pfel-
ders bestellt werden kann. Von der Alm bis zur Hütte sind es dann –
auf gutem Weg – drei Stunden. Der Grützmacherweg führt in zwei
Stunden, zuletzt in leichter Kletterei, auf den Gipfel.

Das Pfelderertal wird von einer Straße erschlossen, die bei Moos, ein
paar Kilometer nördlich von St. Leonhard in Passeier, links von der
SS44b abzweigt, welche über das Timmelsjoch (Staatsgrenze) ins
Ötztal hinüberzieht. Pfelders kann also von Meran durch das Passeiertal, von Sterzing über den Jaufenpass oder aus dem Ötztal über das
Timmelsjoch angefahren werden. Am Ortseingang von Pfelders befindet sich ein großer Parkplatz und die Talstation einer Gondelbahn,
die zu einem Panoramaweg hinaufführt. Der Weg von Pfelders über
das GH Lazins (1.782 m) bis zur Lazins Alm ist für sich genommen
eine gemütliche Almwanderung von etwa 1 ¼ Stunden, die ich ein
paar Jahre später mit meiner Frau durchgeführt habe.

Das linke Bild auf der Vorseite zeigt die Lazins Alm und darüber unser Gipfelziel sowie ein Gutteil des Geländes, wo der Anstieg verläuft; das rechte Bild zeigt die Stettiner Hütte gegen die Hohe Weiße (3.278 m) in der Texelgruppe. Von der Alm geht es zunächst sehr übersichtlich und in Serpentinen auf mäßig steilem und breitem Weg links den Hang hinauf und dann in ein Kar hinein, dessen Abschluss das Eisjöchl bildet. Über dieses kommt der Meraner Höhenweg aus dem Pfossental daher, einem Seitental des Schnalstales (Tour 13), was einen alternativen Zugang von ca. vier Stunden Dauer darstellt. Der Höhenweg umrundet die Texelgruppe, Ausgangs- und Endpunkt ist das GH Steinegg (Tour 15).

Die auch als Eisjöchlhütte bezeichnete Stettiner Hütte (ehemals Eigentum der Sektion Stettin im DÖAV, heute CAI/AVS) steht knapp unter dem Jöchl noch auf der Pfelderer Seite. Auf der Hütte wird uns von der Steinschlaggefahr berichtet, die durch das Auftauen der Permafrostschicht den Grützmacherweg bedroht, es gibt auch eine entsprechende Warntafel, aber keine Sperre. Daher machen wir uns („wenn wir schon einmal da sind") wie auch viele andere Hüttengäste am nächsten Morgen auf den Weg.

Im Steinschlaggebiet

Der Weg schraubt sich zunächst auf einem Rücken zu einer Scharte hinauf. Gleich hinter der Scharte befindet sich eine Gedenktafel für Hans Grützmacher, den Sponsor dieser Steiganlage. Hier beginnt die mittlere Passage durch die Ostflanke des Berges mit schöner Sicht in das Pfeldererer hinunter. Nur in diesem Bereich ist Steinschlag denkbar; Hinhören ist angesagt, um gegebenenfalls hinter einem Felsblock in Deckung gehen zu können. (Nach einem Internet-Eintrag ist der Weg inzwischen verlegt worden und damit wieder steinschlagfrei.)

Auf ca. 3.300 m wird die Hochwildescharte (Bild oben) erreicht, zu welcher der Langtaler Ferner heraufkommt. Hier mündet der lange Gletscherweg aus dem Ötztal in den eisfreien Grützmacherweg ein.

Die restlichen 180 Höhenmeter legen wir dann in der linken Flanke des Grates zurück, der vom Gipfel zur Scharte herunter zieht; Leitern, Seile und Klammern sind eine willkommene Hilfe. Der Gesamtblick über die Ötztaler Alpen mit der größten Gletscherbedeckung Österreichs und die freie Sicht zu den Stubaier Alpen mit dem weißglänzenden Zuckerhütl bestimmen die Aussicht.

Da das Nachtlager nicht dazu angetan war, es ein zweites Mal in Anspruch zu nehmen, stiegen wir nach kurzer Rast auf der Hütte gleich ins Tal ab und waren am späten Abend wieder zuhause.

Die Stettiner Hütte ist im Winter 2013/14 von einer Lawine komplett zerstört worden und muss gänzlich neu aufgebaut werden, was bisher (2019) noch nicht geschehen ist. Es existiert aber ein Provisorium, sowohl hinsichtlich Verpflegung als auch Übernachtung.

41

15 Die Mutspitze (242)

Von Dorf Tirol führt eine Seilbahn zum Hochmut(h)er Berggasthaus (1.350 m) hinauf, knapp darüber liegt das GH Steinegg am Meraner Höhenweg. Wir folgten (im August 2005) aber nicht diesem, sondern wanderten auf einem Waldweg in einer Stunde zum GH Mutkopf (1.684 m). Von hier lässt sich auf gutem Steig in 1 ½ Stunden einer der Meraner Hausberge, die Mutspitze (2.294 m), erklimmen, die zur Texelgruppe gehört.

Mutspitze von Dorf Tirol aus

Dorf Tirol kann von der Autobahn-Ausfahrt Meran Süd auf der ins Passeiertal führenden, im Stadtgebiet von Meran etwas unübersichtlich verlaufenden SS44 erreicht werden, indem man beim entsprechenden Wegweiser links abbiegt.

Während der Meraner Höhenweg beim GH Steinegg rechts bergab geht, führt unser Weg bergauf in den Wald hinein und später fast eben zum GH Mutkopf (nächste Seite, linkes Bild, mit Gipfel). Dort bleibt Rosemarie zurück, während ich auf dem Höhenrücken, das Ziel fast immer vor mir, zuerst durch Wald – rechts zweigt ein Weg ins Spronser Tal ab – später über Almwiesen und zuletzt steil im Fels bis zum Gipfel hinaufsteige (nächste Seite, rechtes Bild). Unter mir liegt Meran, gegenüber der Ifinger, der Mendelkamm, die Laugenspitze und das Vigiljoch, dahinter die hohen Berge der Ortlergruppe.

16 Vigiljoch und Naturnser Alm (121)

Mit Vigiljoch wird ein Höhenrücken bezeichnet, der sich im Westen von Lana bei Meran befindet und damit auch nordwestlich des Ultentales hinzieht, somit noch der Ortlergruppe zuzurechnen ist. Streng genommen gebührt der Name aber nur einem 1.743 m hohen Übergang über diesen Rücken. Die größte Attraktion ist das auf einem Hügel knapp über diesem Joch stehende Kirchlein St. Vigil am Joch (1.793 m) mit Fresken aus dem 14. Jahrhundert. Es ist auf verschiedenen Wanderwegen mit Seilbahn- oder Autobenützung erreichbar. Vom Joch aus kann man in 1 ½ Stunden bequem die Naturnser Alm (1.920 m) erwandern, die bereits in den Vinschgau hinunterschaut, was Rosemarie und ich Mitte Oktober 2009 getan haben.

Von der Ausfahrt Lana der Autobahn Bozen – Meran gelangen wir entweder rasch zur Talstation der Gondelbahn, die zum Hotel Vigiljoch (1.486 m) führt und eine der ältesten Seilbahnen der Welt ist, oder auf der Straße ins Ultental, die sich gleich hinter Lana in vielen Kehren den Berghang hinaufwindet, nach 5 km zur Abzweigung

43

„Pawigl" (rechts), wo wir auf ca. 1.400 m hoch fahren können (beschränkte Parkmöglichkeiten). Vom Hotel Vigiljoch startet auch ein (sehr langsamer) Sessellift, die Bergstation liegt auf 1.814 m.

Die Wandermöglichkeiten sind vielfältig: Von der Bergstation der Gondelbahn erreicht man das Joch und das Kirchlein (über einen Güterweg) ebenso wie vom Auto-Abstellplatz (über das GH Gampl) in einer guten Stunde. Von der Bergstation des Sessellifts bis nach St. Vigil sind es maximal 20 Minuten.

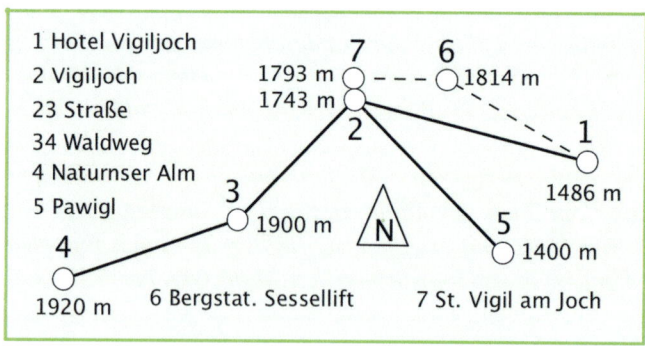

Zur Naturnser Alm geht es vom Joch auf der vom Hotel kommenden Straße teilweise steil bis zu einem Waldweg hinauf, der rechts abzweigt und in mehrmaligem Auf und Ab – die Scheitelstelle ist auf ca. 1.950 m – zur schön gelegenen Alm hinüberführt.

Die Terrasse der Almhütte gewährt vor allem einen bestechenden Blick auf den Alpenhauptkamm, der hinter dem Eingang ins Schnalstal hervorblinkt (Bild oben), und rechts davon auf die gegenüber dem Etschtal aufragende, zu den Ötztaler Alpen gehörige Texelgruppe (Bild unten).

17 Der Hirzer in den Sarntaler Alpen (332)

Der Hirzer (2.781 m) ist die höchste Erhebung der Sarntaler Alpen, die sich nördlich von Bozen im Zwickel zwischen Etsch- bzw. Passei-

ertal und Eisacktal befinden. Er kann von der Hirzerhütte (1.983 m), zu der man mit einer von Saltaus (10 km nördlich von Meran an der SS44) ausgehenden Gondelbahn gelangt, in 2 ½ Stunden bestiegen werden. Schwindelfreiheit und Trittsicherheit müssen für diese Tour gegeben sein!

Am 8. Oktober 2013 herrschte Hochnebel, trotzdem fuhren meine Frau und ich zur Bergstation Klammeben der besagten Gondelbahn hinauf, in der Hoffnung, dass sich der Nebel lichtet oder wir vielleicht sogar darüber hinauskommen. Von der Bergstation geht es zunächst in 15 Minuten zunächst etwas bergauf und dann etwa 50 Höhenmeter bergab zum Almboden, auf dem mehrere Wirtschaften stehen, eine davon ist die Hirzerhütte.

Das erste Bild zeigt den Aufstieg zur Hirzerscharte (2.678 m); er ist recht übersichtlich, nur der Gipfel links hinten ist (und bleibt) in den Wolken. Eine Geländekante teilt den Weg in zwei annähernd gleiche Hälften. Zur Scharte hinauf wird es felsig, ich lasse die Stöcke zurück, sie hätten mir auch auf dem anschließenden ungesicherten exponierten Steig zum Gipfelkreuz hinüber nicht viel genützt (linkes und rechtes Bild auf der nächsten Seite).

Stolpern sollte man hier jedenfalls nicht und ich nehme mir vor, solche Risiken in Hinkunft zu vermeiden. Darauf war ich aber auch nicht vorbereitet, schließlich ist der Weg über die Scharte Teil des

Europäischen Weitwanderweges E5, der dann knapp vor dem Gipfel als „Gebirgsjägersteig" rechts bergab und über das Missensteiner Joch (2.128 m) zum Almengebiet von „Meran 2000" (Tour 18) hinüberführt.

Beim Abstieg komme ich, sobald ich die Stöcke zurück habe, rasch voran und bin nach gut vier Stunden wieder bei Rosemarie, die sich inzwischen mit Almspaziergängen und in der Hirzerhütte die Zeit vertrieben hat.

18 Zwischen Ifinger und Mittager (332)

Diese zweite in den Sarntaler Alpen angesiedelte Tour ist großteils eine gemütliches Unternehmen in der Almenregion zwischen dem Großen Ifinger (2.581 m) und dem Großen Mittager (2.422 m), welche als Wintersportgebiet den Namen „Meran 2000" trägt. Lediglich das Erklimmen des Großen Ifinger verlangt ein wenig Felserfahrung; ein Verzicht auf diese kleine Kletterpartie schmälert aber das Bergerlebnis kaum. Das dichte Wegenetz, es besteht teilweise aus Naturstraßen, erlaubt mehrere Tourenplanungen, die auch tageweise abgearbeitet werden können.

Die Meraner Hütte, davor sieben Haflinger, dahinter der Mittager

Ausgangspunkt ist der Ort Hafling (1.290 m), der einer Pferderasse den Namen gibt und der von der Autobahnausfahrt Meran Süd aus mit dem Auto zunächst auf der SS44 und dann bei Schenna auf einer davon rechts abgehenden, sehr gut ausgebauten Straße erreichbar ist. Wer möglichst schnell Höhe gewinnen will, der zweigt schon vor dem Ort links nach Falzeben (1.609 m) ab, wo ein großer Parkplatz vorhanden ist und eine Gondelbahn nach Meran 2000 hinaufführt.

Von der Bergstation (ca. 1.850 m) geht es zunächst recht bequem (Bild oben) auf einer Naturstraße zum Naifjoch (2.030 m), wo sich

der Blick über die ganze Almenregion weitet. Gleich hinter dem Joch kann man links einen Steig nehmen, der über Wiesenhänge zu einem Kammweg hinaufführt, der das östlich gelegene GH Kuhleiten (2.334 m) mit dem Kleinen Ifinger (2.552 m) verbindet.

Die Aussicht von diesem problemlos in zwei Stunden Gehzeit erreichbaren Gipfel steht jener kaum nach, die sein großer Bruder zu bieten hat. Ehrgeizige und mit versicherten Kletterstellen vertraute Bergsteiger werden es sich aber nicht nehmen lassen, auch dem Großen Ifinger einen Besuch abzustatten. Der Steig zweigt vom Weg auf den Kleinen Ifinger, von wo aus die heikle Stelle gut einsehbar ist, knapp unter dem Gipfel rechts ab und führt in 15 Minuten ausgesetzt, aber seilversichert zum Ziel. Im Unterschied zum Hirzer (Tour 17) hat man also stets drei feste Punkte zur Verfügung. Von SW bis NW reihen sich der Mendelkamm, die Laugenspitze, der Höhenrücken des Vigiljoches (Tour 16), die Ortlerberge und die Texelgruppe, davor die Mutspitze (Tour 15), aneinander.

Blick vom Kleinen zum Großen Ifinger, Kletterstelle in Bildmitte

Beim Rückweg empfiehlt sich ein Besuch im GH Kuhleiten, und von dort führt die Hüttenzufahrt zu den Almböden hinunter, die (u. a.) von der bereits genannten Straße erschlossen werden. Auf ihr lässt sich rasch die Bergstation der Gondelbahn erreichen und mit dieser zum Parkplatz zurückkehren, was übrigens in Trassennähe auch zu Fuß möglich ist.

Der Ifinger vom Mittagergipfel aus, rechts hinten der Hirzer

Wem der Ifinger als Tagesprogramm noch nicht reicht, der kann wie folgt nach Osten weiterwandern: Auf dem oberen (nördlichen) Weg gelangt man über das Missensteiner Joch (2.128 m) mit Marterl und Ausblick nach Norden (Hirzer) zur Kesselberghütte (2.302 m). Wer sich die Mittagerrunde als eigene Tour vornimmt, der braucht von der Seilbahn bis hierher etwa 1 ½ Stunden. Beim Weiterweg zu der auf dem Kleinen Mittager (2.260 m) stehenden Hütte kann der Große Mittager „mitgenommen" werden, was eine Stunde beansprucht, ansonsten sind es nur 30 Minuten. Nun erfolgt der bequeme Abstieg zur Meraner Hütte (1.940 m) des AVS, von wo aus auf verschiedenen Wegen in einer knappen Stunde zur Seilbahnstation zurückgekehrt werden kann.

19 Almwanderungen von Hafling aus (121)

Von Hafling aus lassen sich mehrere gemütliche Almwanderungen unter der 2000-Meter-Grenze unternehmen, wenn z. B. im Spätherbst in höheren Lagen schon Schnee liegt. (Im Jahr 2011 war das allerdings schon am 21. September der Fall.) Hafling (1.290 m) selbst ist Ausgangspunkt für den Besuch der Wurzer Alm (1.707 m) und der Völaner Alm (1.837 m), was etwa zwei Stunden in Anspruch nimmt. Vom Parkplatz Falzeben (1.609 m) aus erreicht man die Moschwaldalm (1.742 m) und die nahebei gelegene Maiser Alm (1.783 m) in einer guten Stunde. Bewirtschaftung sollte erfragt werden, ist aber in der Regel bis in den November hinein gegeben.

Hafling (1.290 m) gegen das Vigiljoch

Der Weg zur Vöraner Alm nimmt vom großen Parkplatz in Hafling seinen Ausgang. Über Wiesen und durch Wald, entweder auf einem Steig oder auf der Forststraße, sind es 1 ¼ Stunden bis zur Wurzer Alm (Bild unten).

Auf einem Waldsteig erreicht man dann in etwa 45 Minuten die gro-ße, offenbar neu ausgebaute Vöraner Almwirtschaft (nächstes Bild).

51

Von hier aus könnte man zur Meraner Hütte (Tour 18) weiterwandern. Der ca. 6 km lange Weg steigt ab der Alm nur mehr wenig an, verläuft dann in einer Höhe von 2.000 ± 50 m und müsste in zwei Stunden leicht zu schaffen sein. Er ist Teil des Europäischen Fernwanderweges E5 vom Bodensee zur Adria.

Ein weiterer Aufstieg zur Meraner Hütte, der etwa zwei Stunden in Anspruch nimmt und den wir schon gegangen sind, hat den Parkplatz Falzeben zum Ausgangspunkt. Auf ihm gelangt man auch zur Moschwaldalm (Bild unten) und zur Maiser Alm.

Dieser Weg führt zunächst rechts von der Seilbahnstation auf einem Fahrweg bergab zur Brücke über den Sinichbach und von da an bergauf zu der zwei genannten Almwirtschaften. Von da aus geht es dann links gemütlich den Bach entlang zur Meraner Hütte hinauf.

20 Das Rittner Horn (112)

Das Rittner Horn (2.260 m) liegt in den Sarntaler Alpen im Norden von Bozen. Vom nordöstlichen Stadtrand nimmt eine nach Kloben-stein führende Straße ihren Ausgang, von dort geht es weiter zur Seilbahnstation Pemmern (ca. 1.600 m). Die Gondel bringt uns auf die Schwarzseespitze (2.070 m). Von dort geht es in einer Stunde ca. 100 Höhenmeter hinunter zu zwei Gaststätten und dann mäßig steil zum breit ausladenden Gipfel hinauf.

Von der Seilbahnstation zuerst bergab und dann gemächlich bergauf

Der Gipfel, auf dem das Rittner Hornhaus steht, bietet eine sehr schöne Aussicht nach Osten hin auf die westlichen Dolomiten (Geis-lergruppe, Puezgruppe, Sella, Langkofel und Rosengarten, siehe das nächste Bild, Seite 54).

Wer nicht zum Auto zurück muss, dem ist der Weiterweg über den Gasteiger Sattel (2.056 m) auf die Villanderer Alm (Tour 21) mit ihren zahlreichen Gasthöfen und Almwirtschaften sehr zu empfehlen.

21 Auf der Villanderer Alm (122)

Die Villanderer Alm liegt in der östlichen Hälfte der Sarntaler Alpen und kann von Klausen im Eisacktal über Villanders auf einer Straße erreicht werden, die beim Berggasthof Gasser Hütte (1.744 m) endet. Das weite Almengebiet steht hinsichtlich der Wandermöglichkeiten der berühmten, jenseits des Eisacktales liegenden Seiser Alm nur wenig nach, besticht aber durch den Ausblick auf berühmte Dolomitenberge, insbesondere die Langkofelgruppe (Bild unten).

Klausen besitzt einen direkten Anschluss an die Autobahn Brenner – Bozen. Die Straße zur Gasser Hütte zweigt im Ort von der SS12 ab und windet sich zunächst in vielen Kehren nach Villanders hoch, um später über flachere Wiesenhänge und durch Wald zu mehreren öffentlichen Parkplätzen zu führen, die vor allem für den Winterbetrieb (Tourengeher und Langläufer) eingerichtet sein dürften. Vom letzten (so ausgeschilderten) gebührenfreien Parkplatz geht man zum Berggasthof 25 Minuten, um dann feststellen zu müssen, dass auf dessen (privatem) Parkplatz das Parken frei ist, wenn dort konsumiert wird.

Eine von mehreren schönen Wanderrunden führt von hier am GH Mair in Plun vorbei und bei der folgenden Abzweigung links auf der Naturstraße weiter, einem Kreuzweg folgend, in 1 ½ Stunden zur wirklich sehenswerten, weil naturbelassenen, und auch gastlichen Pfroderalm (2.145 m) hinauf. Von dort geht es auf einem Steig zum Totenkirchl (2.186 m), dann rechts über den Totenrücken (2.221 m) und einem Zaun entlang bergab zum Prackfiederer Jöchl (2.060 m), wo wieder eine Straße erreicht wird, gut 30 Minuten ab Pfroder Alm.

Auf der Pfroderalm, links oben das Totenkirchl

Auf dieser Straße wandern wir, mehrere Hinweispfeile nach links zum GH Stöfflalm (2.057 m) ignorierend, bis nach einer knappen Stunde rechts ein Wiesenweg zur Marzuner Schupfe (1.940 m) abzweigt. Dieser Stützpunkt, 10 Minuten von der Straße entfernt, dürfte erst vor Kurzem generalüberholt worden sein, ist aber durchaus heimelig. Von da geht es noch eine knappe Stunde, wieder am GH Mair in Plun vorbei, zur Gasser Hütte zurück.

Die Marzuner Schupfe bei Nebeleinfall

Der Villanderer Berg (2.509 m) kann entweder vom Totenkirchl aus, angeblich nicht ganz leicht, oder vom Gasteiger Sattel (2.056 m) aus bequem in 1 ½ Stunden erstiegen werden. Zum nämlichen Sattel steigt man von der Gasser Hütte in einer knappen Stunde auf, und von dort führt auch ein Weg in ebenfalls weniger als einer Stunde zum Rittner Horn (Tour 20) hinüber.

22 Pfitscher Joch und Rotbachlspitze (232)

Bei dieser Tour spielt wieder einmal ein Gipfel die Hauptrolle und nicht eine Almenlandschaft. Von Sterzing zieht eine Straße nach NO in das Pfitschtal hinein und zur Staatsgrenze beim Pfitscher Joch (2.246 m) hinauf, die aber nur bis zur vierten Kehre (ca. 1.900 m) von Touristen befahren werden darf. Weiter geht es entweder zu Fuß auf einem die Windungen der Straße teilweise abkürzenden Steig in einer guten Stunde oder mit dem Taxi bis zum Pfitscher Jochhaus (2.275 m). Von dort aus lässt sich ohne große Mühe in zwei Stunden die Rotbachlspitze (2.895 m) ersteigen, die einen faszinierenden Nahblick auf die Nordabstürze des Hochfeiler (3.509 m), der höchsten Erhebung der Zillertaler Alpen, gewährt.

Rotbachlspitze: Gipfelkreuz mit Hochfeiler (rechts)

Die genannte Straße zweigt in Sterzing (an der Autobahn Brenner –
Bozen) von der SS12 nach Norden hin ab und zieht nach dem Joch
weiter ins Zillertal hinunter. Diese Nord-Süd-Verbindung unter-
schreitet zwar die Höhe des Timmelsjochs um gut 200 m, entsprechende Ausbaupläne sind aber seinerzeit am Widerstand der Zillertaler gescheitert, die (im Unterschied zu den Ötztalern) keinen Durch-
zugsverkehr haben woll(t)en. Diese Verbindung von Deutschland
nach Italien wäre allerdings etwas kürzer als die über den Brenner.

Am Pfitscher Joch, Blick ins Zillertal

57

Vom Jochhaus sind der Gipfel der Rotbachlspitze und der meist am Kamm (Staatsgrenze) oder auf der österr. Seite verlaufende mäßig steile und zum Teil erdige Anstiegsweg gut sichtbar, links davon rinnt ein „rotes Bachl" die Lehne ins Zillertal hinunter. Schon von hier aus hat man einen schönen Blick auf den Tuxer Kamm der „Zillertaler" mit dem Olperer (3.476 m), vom Gipfel aus sind dann auch noch (neben dem Hochfeiler) der Hochsteller und der Große Möseler (3.480 m) ein Blickfang.

23 Die Fanealm im Valsertal (121)

Die aus den Zillertaler Alpen nach Süden in das Pustertal herabziehenden Täler beherbergen viele lohnende Tourenziele, vor allem Almlandschaften, aber durchaus auch den einen oder anderen dem Hauptkamm vorgelagerten Gipfel, der leicht zu ersteigen ist. Die Touren 23 bis 28 sowie Tour 30 und 31 erfüllen die genannten örtlichen Bedingungen. Das westlichste nördliche Seitental des Pustertales ist das Valsertal, das wir im Herbst 2014 entdeckt und von Mühlbach aus angefahren haben; in dessen Talschluss liegt die malerische Fanealm (Bild unten); zu Fuß waren wir allerdings erst ein Jahr später in diesem Almdorf.

Von einem Parkplatz auf ca. 1.400 m geht es zunächst der Fahrstraße folgend an der Kurzkofelhütte vorbei und dann am „Küheweg" neben dem Bach bis zur Steilstufe, welche die Straße in sechs engen Kehren überwindet. Nach den Kehren wird es wieder eben und der obere Parkplatz ist bald erreicht. Von dort in zehn Minuten zum Almdorf mit mehreren netten Gastwirtschaften auf ca. 1.750 m Seehöhe. Die maximal eineinhalb Stunden Aufstieg zu Fuß lohnen sich wirklich. (Ein Jahr davor bin ich mit dem Wohnmobil die Straße hinaufgefahren, was ich allerdings nie wieder machen würde.)

Die Rückfahrt am späteren Nachmittag belohnt uns von Vals, dem Hauptort des Tales, noch mit einem schönen Blick auf die verschneite Plose und die dahinter liegende Geislergruppe.

24 Von Meransen zur Wieserhütte (111)

Wer, von Mühlbach kommend, nicht bei der zweiten Kehre in das Valsertal (Tour 23) hineinfährt, sondern auf der Hangstraße bleibt, der erreicht nach insgesamt sechs Kehren das schmucke Bergdorf Meransen, das auch Ausgangspunkt für Tour 25 ist. Zunächst verfolgen wir aber die Straße durch das ganze Dorf hindurch in Richtung Altfasstal, wo sich auf ca. 1.600 m Seehöhe ein Parkplatz befindet. Von hier geht es auf dem rechten (Wald-)Weg im Altfasstal ganz gemächlich ins Almengebiet hinein, wo auf 1.833 m die Wieserhütte (und knapp davor die Prantner-Almhütte) steht. Wegen des relativ langen Weges sind 1 ½ Stunden zu veranschlagen.

Die gepflegte Wieserhütte (Bild oben) bietet Gästezimmer an, der Talschluss ist sehr beeindruckend und man könnte noch zu einem Bergsee hinauf und von dort ins Valsertal absteigen. Zurück zum Parkplatz sind wir zur Gänze auf der Straße rechts vom Bach gegangen, die an der Großberghütte vorbeiführt.

25 Der Gitschberg und seine Hütten (222)

Der grasbewachsene (Große) Gitschberg (2.512 m) steht, von Brixen aus unübersehbar, isoliert zwischen dem Rienztal und dem Alpenhauptkamm. Er ist ein Aussichtsberg ersten Ranges und erlaubt mehrere verschieden lange und daher auch konditionell verschieden anspruchsvolle Wanderungen. In Meransen (Tour 24) befindet sich auf 1.428 m Höhe die Talstation einer Gondelbahn, mit deren Hilfe man eine Höhe von 2.107 m erreichen kann, wo die Nesselhütte steht. Gute 100 m weiter oben befindet sich dann auch noch die Gitschhütte. Bis hierher führt eine von Meransen ausgehende, für den öffentlichen Verkehr gesperrte, „kinderwagentaugliche" Straße, die an der Bacherhütte (1.744 m) und an der Pichlerhütte (1.918 m) vorbeiführt. Von der Gitschhütte erreicht man auf verschiedenen mehr oder weniger steilen und zum Teil steindurchsetzten Wiesenwegen den Gipfel. Von dort aus schweift der Blick dann nicht nur auf die im Süden sich ausbreitenden Dolomiten, sondern auch auf die Zillertaler Dreitausender (nächstes Bild).

Rosemarie und ich sind schon im Herbst 2013 von Meransen aus, zuletzt im Schnee und zurück im Schneetreiben, in einer guten Stunde zur gemütlichen Bacherhütte aufgestiegen, allerdings nicht auf der Fahrstraße. Knapp unter der Bacherhütte befindet sich übrigens die Mittelstation der besagten Gondelbahn. Im Oktober 2017 sind wir dann von Meransen mit dem Auto zur Kieneralm (1.741 m) hinaufgefahren und haben von dort, dem „Almenrundweg" folgend, in einer Stunde durch Wald und über Wiesen die Pichlerhütte (Bild unten) erwandert, die ebenfalls sehr heimelig ist und der Bacherhütte eine schöne Aussicht voraus hat.

Am nächsten Tag haben wir die Gondelbahn benützt. Das obige Bild zeigt die Bergstation neben der Nesselhütte, im Hintergrund sind links der Peitlerkofel, in Bildmitte die Geislergruppe, davor die Plose, und rechts die Langkofelgruppe zu sehen. Den Aufstieg auf den Gitschberg von der Bergstation aus habe ich dann in knapp 1 ½ Stunden großteils in der Direttissima geschafft. Rosemarie ist inzwischen auf der „Kinderwagenroute" zur Gitschhütte hochgewandert, wo wir dann eine ausgiebige Rast auf der großen Terrasse mit der schönen Aussicht nach Süden hin genossen haben.

Von der Gitschhütte geht es die Bergwiese zum Gipfel hinauf

26 Die Bodenalm im Pfunderer Tal (111)

Von Niedervintl kann man problemlos ins Pfunderertal bis zum Talschluss beim Weiler Dun mit großem Parkplatz auf ca. 1.500 m hineinfahren. Die Asphaltstraße führt sogar weiter in Kehren zu den höher gelegenen Gästehäusern hinauf; an ihr liegen auch noch zwei kleine Parkplätze, die aber am 9. September 2016 schon besetzt waren. Nach 30 Minuten (und 100 Höhenmetern) auf der Asphaltstraße führt eine Naturstraße den Bach entlang wieder in 30 Minuten (und nach 100 Höhenmetern) zur gastlichen Bodenalm (1.700 m), die auf einer kleinen Anhöhe sitzt und einen sehr schönen Blick nach N und O in den (endgültigen) Talschluss (Bild unten) gewährt.

27 Astnerberg- und Pertingeralm (121)

Von Niedervintl oder von Kiens aus gelangt man auf der Pustertaler Sonnenstraße nach dem schönen Bergdorf Terenten. Östlich davon zweigt ein Sträßchen in das Winnebachtal zu einem Parkplatz (1.425 m) ab, von wo aus in 45 Minuten die Astnerbergalm (1.610 m) erwandert werden kann. Ein paar hundert Meter nach dieser Abzweigung geht es links zur Jausenstation None-Wieser und zu einem Parkplatz auf 1.550 m hinauf, der einen Ausgangspunkt für den Besuch der Pertingeralm bzw. der Pertinger Hütte (1.864 m) darstellt.

Das Bergdorf Terenten, dahinter die Sarntaler Alpen

Zur Astnerbergalm sind wir im späten Oktober des Jahres 2015 gewandert. Der Weg führt am „Hexenstein" (Steinmandln) vorbei zu dem in der Nachmittagssonne liegenden Almgasthaus, von wo aus man einen schönen Blick nach Süden auf das Astjoch, dahinter der Peitlerkofel, auf die Geislergruppe und die Plose genießen kann.

Auf dem Weg zur Astnerbergalm, dahinter die Gruppachgruppe

Zur Pertinger Hütte kann man auf deren Zufahrtsstraße hinaufkommen, die vom Parkplatz oberhalb der Jausenstation ihren Ausgang nimmt. Wir sind Anfang September 2016 allerdings, der Markierung folgend, nach der ersten Kehre zum „Teufelsfelsen" gegangen und dann nahezu in der Direttissima zur gastlichen Hütte (Bild unten) aufgestiegen. Sie ist schön gelegen, aber nicht sehr aussichtsreich. Hinauf haben wir eine gute Stunde gebraucht, zurückgegangen sind wir in 1 ½ Stunden zur Gänze auf der Straße. Die eigentliche Pertingeralm liegt im Norden der Hütte auf über 2.000 m Seehöhe.

28 Grünbacher Alm und Putzenhöhe (232)

Nördlich von Kiens im Pustertal erstreckt sich die Grünbacher Alm, an ihrem oberen Rand liegt der Grünbachsee (2.258 m) und darüber erhebt sich die Putzenhöhe (2.438 m). Ausgangspunkt ist der Parkplatz Gelenke (1.610 m); in einer Stunde erreicht man bequem den gastlichen Moarhof (1.833 m) und in weiteren zwei Stunden über die Unteralm (1.943 m) und die Oberalm (2.114 m) den Gipfel. Beide Almhütten sind allerdings unbewirtschaftet.

Von Kiens, das nahe Bruneck an der SS49 liegt, führt über Mühlen eine Straße zu besagtem Parkplatz. Der markierte Wanderweg folgt zunächst der Almstraße bis zum Moarhof, kürzt dann aber eine weite Schleife ab, um sie hinter der Unteralm wieder zu erreichen. Auch die Oberalm bleibt links liegen, weil der Wanderweg schon zuvor rechts zum idyllisch gelegenen See (nächstes Bild) abzweigt.

Nun geht es auf Steigspuren (unmarkiert) rechts zu einem Sattel hinauf, wo der Pfunderer Höhenweg vom bereits nahen Gipfel daherkommt. Die Aussicht ist gekennzeichnet vom Blick hinunter nach Mühlbach, im NO in das Ahrntal hinein bis zur Venedigergruppe, im Norden ist der Zillertaler Hauptkamm und links davor, nahe und beeindruckend, die Grubbachgruppe (Bild unten) zu sehen.

Diese Tour möchte ich als Geheimtipp bezeichnen, weil sie nicht überlaufen ist, auf einem bequemen Weg über saftige Almböden zu einem leicht ersteigbaren Gipfel führt, über die Kategorie anspruchsloser Wanderungen aber doch ein gutes Stück hinausgeht.

29 Auf dem Lausitzer Weg (332)

*Zu Ende August 1990 habe ich vier Lehrerkollegen aus meiner Schu-
le auf deren einwöchiger Tour durch die östlichen Zillertaler Alpen
begleitet, allerdings nur im Bereich des Lausitzer Weges auf der
Südtiroler Seite derselben. Wir sind in den Weg von der Birnlückenhütte (2.441 m) aus eingestiegen und haben ihn, nach einem Abstecher auf den Klockerkarkopf (2.912 m), zum Heilig-Geist-Jöchl
(2.657) hinauf wieder verlassen. Für diese Strecke auf teilweise
durchaus anspruchsvollen Steigen sind fünf bis sechs Stunden zu
veranschlagen.*

Harald, Lisi, Lois und Heli (†) vor der Dreiherren- und der Rötspitze

Nach Besteigung des Schönbichler Hornes (3.150 m) im Zillertal
fuhr ich mit meinen zwei Söhnen tags darauf über den Brenner nach
Bruneck und weiter ins Ahrntal hinein bis zum letzten Parkplatz
hinter Kasern. (Von dort sind die Söhne mit meinem Auto nachhause
gefahren.) Der Aufstieg zur Birnlückenhütte ist für sich allein schon
eine vollwertige Tour in einem wunderschönen Talschluss. Zunächst
geht es fast eben zum Trinksteinhaus (1.671 m) und dann in mehreren kleinen Geländestufen zuerst zur Kehreralm (1.842 m) und dann
zur bewirtschafteten Lahner Alm (1.986 m). Hier wird ein Almboden
gequert, bevor ein steiler Zick-Zack-Weg zur Birnlückenhütte hinaufführt, wo mich die vier Kollegen schon erwarten. Bis zur Lahner
Alm 1 ½ Stunden und ebenso lang bis zum Nachtquartier.

Am frühen Morgen nehmen wir Abschied von der gastlichen Hütte (Bild links) und steigen zum Lausitzer Weg hinauf, der von der Birnlücke (Staatsgrenze) daherkommt. Er weicht zwischen Punkt 3 und Punkt 7 von der 2.500-Meter-Schichtenlinie nicht wesentlich ab. Wir folgen ihm nach Westen, bis rechts der Steig zum unscheinbaren Gipfel des Klockerkarkopfes abzweigt, auf dem die Ruine der Lausitzer Hütte steht. Der Steig führt über Blöcke und durch Schutt (Bild rechts) in zwei Stunden (ab Hütte) dort hinauf. Die Aussicht ist gekennzeichnet durch die hohen Dreitausender der Venedigergruppe, im Osten der Großvenediger (3.674 m) und rechts davon die nahe Dreiherrenspitze (3.499 m) und die Rötspitze (3.496 m).

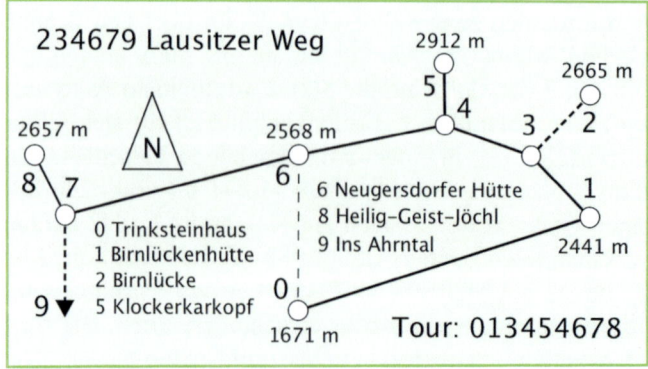

Nun geht es wieder hinunter zum Lausitzer Weg und auf diesem in 1 ½ Stunden zur Neugersdorfer Hütte (2.568 m), die aber unbewirtschaftet ist. (Von hier aus könnte man bereits ins Ahrntal absteigen.) Unser Weg führt nun leicht bergab, aber bald wieder bergauf, eine Felsrippe querend, und dann erreichen wir ein Kar unterhalb des Heilig-Geist-Jöchls, zu dem wir auf gutem Weg hochsteigen. Hier verabschiede ich mich von meinen Kollegen und steige zum Zillergründl-Stausee ab, zusammen mit einem Rheinländer, der mich dann sogar noch mit seinem Auto bis nach Jenbach zur Bahn gebracht hat.

30 Tesselberger Alm und Schönbichl (242)

Die Tesselberger Alm (2.028 m) wird nur in regionalen Gebietsführern als Jausenstation ausgewiesen. Tesselberg (1.473 m) liegt nordöstlich von Bruneck, auf der steilen Zufahrt sind es bis zur Alm knappe zwei Stunden. Etwas weniger lang braucht man dann für die Ersteigung des Schönbichl (2.452 m) mit einer herrlichen Aussicht.

Meine Frau Rosemarie auf der Tesselberger Alm

Auf der SS49 liegt bald hinter Bruneck Richtung Innichen die Ortschaft Percha, von wo aus eine gute Straße 8 km nach Tesselberg mit Gasthof und Parkmöglichkeiten hinauf führt. Der Weiterweg zu Fuß verläuft schnurstracks einem Bach entlang durch den Wald, ist daher teilweise steil und wenig aussichtsreich. Die Almhütte ist naturbelas-

sen und sehr gemütlich, so wie die Eheleute, die die Alm bewirt-
schaften; eine Augenweide ist der prächtige Hahn.

Der Weiterweg über satte Weideflächen ist sehr übersichtlich und
führt zu einem Gipfel mit einer spektakulären und abwechslungsrei-
chen Aussicht: Zum vergletscherten Hauptkamm der Zillertaler Alpen im Norden kontrastiert rechts davon der Granit der Riesenfer-
nergruppe (Bild unten). Dann kommen die Deferegger Alpen bzw.
Villgratner Berge im Osten, gefolgt von den Sextener Dolomiten im
SO. Nach Süden hin verschwimmen die Konturen in der Nachmittagssonne, die Marmolata (3.342 m) ist aber klar identifizierbar.

31 Die Oberstaller Alm in Villgraten (111)

Wer der Drau von Toblach aus nach Österreich folgt, der kann kurz hinter Sillian links nach Innervillgraten abzweigen, von diesem Bergdorf aus auf guter Straße noch ca. 7 km bis zur gastlichen Unterstaller Alm (1.673 m) mit großem Parkplatz weiterfahren und von dort aus auf einem Güterweg zum Hüttendorf Oberstaller Alm (1.890 m) in 45 Minuten hochwandern.

Innervillgraten ist ein zu jeder Jahreszeit attraktiver gemütlicher Urlaubsort, der vor bald 40 Jahren durch das Wildererdrama um Pius Walder Schlagzeilen gemacht hat. Das Grab des 1982 erschossenen Wilderers befindet sich am Friedhof von Kalkstein, einem Weiler, der gute 2 km talein links der Fahrstraße zur Unterstaller Alm liegt. Dort kann man auch eine mit zwei Kruckenkreuzen markierte Gedenkstätte an den Ständestaat (1933 – 1938) „bewundern".

Das malerische Hüttendorf Oberstaller Alm (Bild oben) liegt zu Füßen der nördlich davon aufragenden Fast-Dreitausender Rote Spitze (links) und Weiße Spitze (rechts). Es besitzt keine Gastwirtschaft.

32 Das Böse Weibele (222)

Der 2.521 m hohe Berg mit diesem markanten Namen liegt im Westen von Lienz und gehört den Villgratner Bergen an, die auch Defe-

regger Alpen genannt werden und die mit der Weißen Spitze (2.962 m, siehe Tour 31) ihre höchste Erhebung besitzen. Die Besteigung des Bösen Weibele nimmt von einem Parkplatz (1.980 m) knapp unterhalb der Hochsteinhütte (2.025 m) ihren Ausgang und auf einem guten Bergpfad ca. zwei Stunden in Anspruch.

Der genannte Parkplatz wird erreicht, indem man von der österreichischen B100 bei Leisach (5 km westlich von Lienz) nach Norden hin in die Pustertaler Höhenstraße einbiegt und ab Bannberg eine Mautstraße benützt, die zu ihm hochführt. Von dort in zehn Minuten zur gut bewirtschafteten Hütte und weiter zum Hochstein (2.057 m) mit Kreuz und Kriegerdenkmal. Von hier aus ist der weitere Weg bis zum Gipfel hin gut auszunehmen (Bild unten).

Zuerst geht es leicht bergab und dann mäßig steil bergauf, zuerst über Wiesen, dann über Schrofen und zuletzt auf einem Wiesengrat dem felsigen Gipfelaufbau (nächstes Bild) entgegen. Dieser trägt ein großes Gipfelkreuz, die Aussicht müsste fantastisch sein, aber an diesem 25. August des Jahres 2012 war es leider etwas bewölkt; die vielen Grate und Zinnen der Sextener Dolomiten im SW waren aber ganz gut auszunehmen.

Wegen des relativ weiten Distanz (ca. 5 km) ist auch der Rückweg unter 1 ½ Stunden kaum zu schaffen, und deswegen ist auch meine Frau nur ein Stück mitgegangen, um dann in der Hochsteinhütte auf meine Rückkehr zu warten.

33 Der Regenstein in Defereggen (342)

Diese im Sommer 1989 gemachte Tour geht als einzige in diesem Büchlein über drei Tage und ist die erste, die ich mit Lehrerkollegen (Harald und Lois) gemacht habe. Sie nimmt in Hopfgarten in Defereggen (1.107 m) ihren Ausgang, führt von dort zur privaten Bloshütte (1.795 m) hinauf, von wo aus wir am zweiten Tag über den Geigensee (2.400 m) den Regenstein (2.891 m) zum Villgratner Joch (2.583 m) hin überschritten haben und vom Joch aus zur Bloshütte zurückgekehrt sind. Am dritten Tag sind wir von der Bloshütte zur Gagenalm (1.998 m) gewandert, von wo aus ich nach Hopfgarten abgestiegen bin.

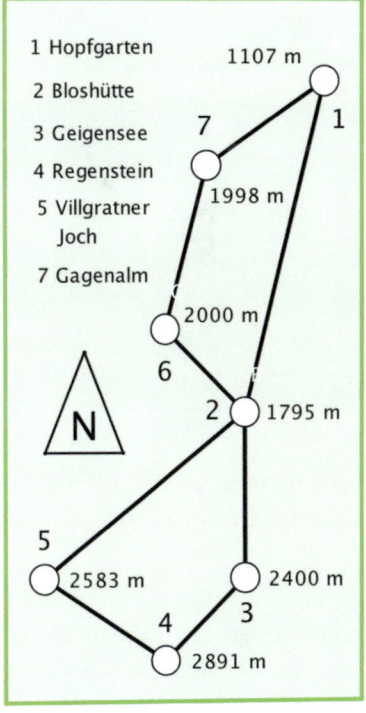

1 Hopfgarten
2 Bloshütte
3 Geigensee
4 Regenstein
5 Villgratner Joch
7 Gagenalm

73

Der Regenstein, von Norden (Aufstieg) aus gesehen

Hopfgarten ist der erste größere Ort im Defereggental, das bei Huben von Westen her in das Tauerntal (B108 Lienz – Felbertauern) einmündet. In gut zwei Stunden geht es von dort aus auf einer Forststraße mäßig steil durch den Wald und dann kaum noch ansteigend im Zwenewaldtal zur Bloshütte hinauf.

Am nächsten Tag führt uns der Weg in zwei Stunden an einem Wasserfall vorbei (1. Steilstufe), dann in einem Hochtal weiter und auf dem „Fenstersteig" (2. Steilstufe) zum Geigensee. Das obige Foto zeigt diesen bereits vom steilen und felsigen Anstieg zur Rossfeldscharte (mit erstem Dolomitenblick) aus, von wo es am Grat bzw. in dessen südlicher Flanke zum Gipfel (Bild unten) hinauf geht. Dazu haben wir ab dem See knapp 1 ½ Stunden gebraucht.

Den Grat weiter verfolgend und durch eine Schuttrinne errreichen wir das Villgratner Joch; das untere Foto ist vom Weg dorthin, also im Rückblick auf unseren Gipfel, gemacht worden. Vom Joch aus geht es stetig bergab in nördlicher Richtung, zuerst steil und dann flacher werdend, bis wir nach knapp 2 ½ Stunden (ab Gipfel) wieder bei der Bloshütte eintreffen.

Am dritten Tag gehen wir in 1 ½ Stunden zunächst steil, aber auf gutem Weg den Hang nordwestlich der Hütte hinauf und dann fast horizontal zur (unbewirtschafteten) Gagenalm hinüber, die mit einem freien Blick zum Großglockner nach NO hin (Bild unten) aufwarten kann. Nach weiteren 1 ½ Stunden erreiche ich auf einer Forststraße meinen in Hopfgarten abgestellten PKW.

Kärntner Nockberge

In den 1980er-Jahren haben wir mit unseren halbwüchsigen Kindern und befreundeten Ehepaaren sowie deren gleichaltrigem Nachwuchs in Oberkärnten mehrere Sommerurlaube verbracht und dabei den meisten der dort angesiedelten Nockberge einen oder auch mehrere Besuche abgestattet. Es erscheint angebracht, die mir attraktiv erscheinenden Unternehmungen dieser Art in einem eigenen Abschnitt zusammenzufassen und dieses Büchlein damit abzurunden.

Die Kärntner Nockberge bilden jenen Teil der Zentralalpen, der im Westen von der Lieser, im SW von der Drau, im SO vom Ossiacher See und nach Norden hin von der jungen Gurk und schließlich vom Kremsbach begrenzt wird. Die Bezeichnung „Nock" für eine abgerundete Erhebung, eine „Kuppe", ist für die Gipfel in dieser Region typisch. Die Stadt Radenthein (746 m), die von Spittal a. d. Drau wie auch von Villach aus auf der B98 erreicht wird, der von dieser Straße berührte heimelige Urlaubsort Feld am See und die Fremdenverkehrsmetropole Bad Kleinkirchheim an der B88, die in Radenthein von der B98 abzweigt und in Patergassen endet, liegen im Zentrum der hier beschriebenen Bergtouren.

Eine reiche Farben- und Blütenpracht kennzeichnet die Nockberge

34 Der Große Rosennock (232)

Dieser mit 2.440 m zweithöchste Gipfel der Gruppe wird am bequemsten von der Erlacher Hütte (1.636 m) aus erwandert, die von Radenthein über Kaning und von dort in das Langalmtal hinein angefahren werden kann.

Am Nassbodensee (ca. 2.000 m)

Von der Hütte geht es zunächst auf einem Güterweg noch etwas talein, dann links über Almwiesen, zuletzt etwas steiler durch Latschen in einer guten Stunde zum Nassbodensee hinauf. Nun links am Ost-Abfall des Großen Rosennocks – rechter Hand liegt der Kleine Rosennock – mäßig steil bergan und dann nach rechts den Rücken hoch. Nach wiederum einer guten Stunde stehen wir am Gipfel, der eine sehr schöne Aussicht nach Westen (Hohe Tauern) und nach Süden zu den Kärntner Grenzbergen hin bietet.

Auf dem Gipfel des Rosennock

35 Mallnock und Klomnock (222)

Dies ist mehrheitlich eine Kammwanderung, die von der Bergstation der Brunnach-Sessselliftes (zwei Teilstrecken) auf ca. 1.900 m ihren Ausgang nimmt und in nördlicher Richtung über den Mallnock (2.226 m) zum Klomnock (2.331 m) als höchstem Punkt führt. Von dort geht es dann zum Falkertschutzhaus (1.557 m) und weiter zum Parkplatz bei der Sessellift-Talstation in St. Oswald (ca. 1.300 m) hinunter.

Das Bergdorf St. Oswald erreicht man auf einer guten Fahrstraße von Bad Kleinkirchheim aus (ca. 5 km). Die Sessellift-Bergstation befindet sich auf der (unbewirtschafteten) Brunnachalm. Bei der von da ausgehenden Kammwanderung hat man im Westen den Rosennock stets im Blickfeld. Nach einer knappen Stunde wird der Mallnock und eine gute halbe Stunde danach der Klomnock erreicht.

Klomnockgipfel, im Hintergrund der Falkertspitz

Der Abstieg führt zunächst steil über eine Bergwiese, dann durch Wald und zuletzt einen Bach entlang in 1 ½ Stunden zum Falkerthaus; in einer knappen Stunde erreicht man von hier aus den Parkplatz beim Sessellift.

36 Falkertspitz und Rodresnock (222)

Diese Rundtour hat beim Parkplatz am Falkertsee (1.879 m) ihren Ausgangs- und Endpunkt. Sie führt auf den Falkertspitz (2.308 m), dann über die Falkertscharte zum Rodresnock (2.310 m), auch Moschelitzen genannt, und von dort wieder zum Parkplatz zurück.

Den Falkertsee samt Hotel in einer landschaftlich verschandelten Schiregion erreicht man auf einer von Patergassen ausgehenden Bergstraße (ca. 7 km). Vom Parkplatz geht es in einer knappen Stunde in einem weiten Linksbogen zur Hundsfeldscharte in dem vom Klomnock daherkommenden Kamm hinauf und auf diesem weiter zum Falkertspitz. Nun steil in die Falkertscharte hinunter und etwas gemütlicher zum Rodresnock hinauf, wofür eine gute halbe Stunde aufzuwenden sein wird. Hier gibt es eine hervorragende Aussicht,

80

bei der im Westen die Hochalmspitze (3.360 m) in den Hohen Tauern und im Süden der Triglav (2.863 m) in den Julischen Alpen besonders hervorstechen. Zuletzt entweder direkt oder nach rechts ausladend zum See hinunter, der die meiste Zeit über im Blickfeld ist, wieder in einer knappen Stunde.

Blick vom Rodresnock zur Hochalmspitze (Hohe Tauern)

37 Der Wöllaner Nock (232)

Der Wöllaner Nock (2.145 m) ist einer der zwei Hausberge von Feld am See (751 m), der andere ist der Mirnock (Tour 38). Beide habe ich mehrmals bestiegen, in jüngeren Jahren sogar direkt vom Ort aus, was ca. 1.400 m Steigleistung erfordert. Die hier dokumentierten Unternehmungen sind hingegen eher gemütliche Wanderungen von hoch gelegenen Stützpunkten aus. Im Falle von Tour 37 handelt es sich dabei um den Gasthof Wegerhütte (1.516 m) auf der Feldpannalm, welcher auf einer mautpflichtigen Straße von Feld am See aus angefahren werden kann.

Der Rundweg, der gute drei Stunden in Anspruch nimmt, führt vom Gasthof zunächst nach Osten und dann entweder direkt oder bequemer in einer Schleife über die Rossalmhütte zur Kaiserburg (2.055 m), wo eine von Bad Kleinkirchheim kommende Seilbahn ihre Bergstation hat, und dann auf einem Kammweg zum Gipfel.

81

Der Wöllaner Nock (links) von der Mirnock-Hochalm aus

Gleich nach dem Gipfel (mit großem Kreuz) geht es über Bergwiesen rechts bergab, später in einen Fichten-Lärchen-Wald hinein, der sich zuletzt zu den Weideflächen der Feldpannalm hin lichtet.

Im Internet wird anstelle der Mautstraße zum GH Wegerhütte eine Auffahrt mit der Gondelbahn (zwei Abschnitte) von Bad Kleinkirchheim aus empfohlen, was allerdings noch über 500 Höhenmeter Anstieg nach der Rast bei der Wegerhütte notwendig macht.

38 Der „prominente" Mirnock (222)

Der Mirnock (2.110 m) ist dank seiner Prominenz (siehe unten) ein ganz hervorragender Aussichtsberg. Er kann ohne große Mühe in gut 1 ½ Stunden von der Wieserhütte (1.600 m) aus erstiegen werden, zu welcher von Afritz (711 m) eine Mautstraße heraufführt.

Unter der Prominenz eines Gipfels versteht man seine Höhe über der niedrigsten geschlossenen Höhenlinie, die ihn umgibt und gleichzeitig keinen höheren Gipfel einschließt. Die Prominenz wird auch als Schartenhöhe bezeichnet, weil es sich um die Differenz zwischen seiner Höhe und der höchstgelegenen Einschartung handelt, bis zu der man absteigen muss, um einen höheren Gipfel zu erreichen. Die Prominenz des Mirnock beträgt 1.343 m.

Die Mautstraße zweigt von der B98, die über Radenthein und Feld am See entlang des Afritzer Sees daherkommt, am südlichen Seeende rechts ab und führt zunächst sehr kehrenreich einen nach Osten hin abfallenden Hang hinauf, ehe sie nur mehr mit leichter Steigung und ziemlich geradlinig die Wieserhütte erreicht.

Weg 183 folgt einem Bach relativ steil bergauf und führt durch Wald und über Almwiesen knapp unter 2.000 m Seehöhe auf den Kamm, welcher den Mirnock mit dem Rindernock (2.024 m) verbindet. Die Markierungen muss man abschnittsweise auch bei gutem Wetter suchen, bei Regen und Nebel ist Vorsicht geboten. Am Kamm angekommen kann man einen kurzen Abstecher auf den südlich gelegenen Rindernock machen oder auf einer Holzterrasse an der Rinderlacke eine Rast einlegen.

Ansonsten wendet man sich nach Norden dem Gipfel des Mirnock zu und genießt auf dem Weg dorthin, sofern das Wetter es zulässt, eine schöne Aussicht in das Drautal und auf die umliegenden Nockberge. Am Gipfel kann einen schon das Gefühl überkommen, hoch über ganz Kärnten zu stehen.

Blick nach Süden zu den Karawanken

Nun hat man die Wahl, die Tour zu einer Rundwanderung auszuweiten, indem der Weg 185, zunächst noch am Kamm, bis zur bewirtschafteten Hochalm Hütte (ca. 1.800 m) verfolgt wird, und von dort geht es dann gemächlich zur Wieserhütte zurück, was aber mindestens zwei Stunden in Anspruch nimmt, oder ob man auf dem nun schon bekannten Aufstiegsweg zur gastlichen Hütte absteigt. In der Regel haben wir Letzteres getan.

Die letzten Meter im Abstieg zur Wieserhütte

PS: Das linke Bild auf Seite 77 zeigt den Klomnock und den Falkertspitz vom Mirnock aus.

Anforderungen und deren Kennzeichnung

Die Anforderungen an Tourenerfahrung und körperliche Fitness sind bekanntlich nicht exakt darzustellen. Das trifft allein schon auf die Gehzeiten zu, hat doch jeder Bergwanderer sein eigenes Tempo, sodass Zeitangaben immer relativ sind. Ich halte mich daher an die Faustregel „300 Höhenmeter pro Stunde im Aufstieg, 400 bis 500 im Abstieg". Nicht anwendbar ist diese Regel freilich bei einem mehrmaligen Auf und Ab, bei längeren Passagen mit (zu) geringer Steigung oder bei Steilstücken und schlechten Wegverhältnissen, wo besondere Vorsicht, vor allem im Abstieg, geboten ist.

Derlei Umstände versuche ich mit einem dreistelligen Zahlencode zu kennzeichnen, der an der Hunderterstelle die Wegbeschaffenheit, an der Zehnerstelle die an einem Tag im Anstieg zu bewältigenden Höhenmeter und an der Einerstelle die Höhenlage ausweist.

Dabei ist nur die Wegbeschaffenheit nicht eindeutig festzumachen, während die Steigleistung und die Höhenlage durch Zahlen belegt sind. Ich behelfe mir daher mit folgender Beschreibung: Kennziffer 1 bedeutet „Leichte Wanderung", bei der man nicht ständig darauf achten muss, wo man hintritt, wie das z. B. bei Forststraßen der Fall ist. Kennziffer 2 steht für „Bergwanderung", wo bestimmte Passagen schon steil und steinig sein können und man über eine gewisse Trittsicherheit verfügen sollte, wo aber die Hände noch nicht gebraucht werden. Steige schärferer Richtung, also mit Kletterstellen maximal II. Grades behaftet und möglicherweise auch etwas ausgesetzt und Schwindelfreiheit voraussetzend, werden durch die Kennziffer 3 angezeigt. Kennziffer 4 bedeutet, dass ein Gletscher begangen werden muss und die dafür notwendige Ausrüstung erforderlich ist, ohne Rücksicht auf die sonstige Beschaffenheit des Weges. Passagen, welche unter Kennziffer 3 fallen, können bei solchen Touren dabei sein, doch ist das nicht zwingend der Fall. Näheres ist den Routenbeschreibungen zu entnehmen.

Hinsichtlich der Steigleistung (Zehnerstelle) bedeutet Kennziffer 1, dass höchstens 300 Höhenmeter zu bewältigen sind, Kennziffer 2 steht für höchstens 600 Höhenmeter, Kennziffer 3 für höchstens 900 Höhenmeter, Kennziffer 4 für höchstes 1.200 Höhenmeter und so weiter. Hinsichtlich der Höhenlage (Einerstelle) bedeutet Kennziffer 1, dass keine größere Höhe als 1.999 m erreicht wird, Kennziffer 2 steht für höchstens 2.999 m, Kennziffer 3 für höchstens 3.999 m und Kennziffer 4 für alles, was darüber ist.

Die folgende Zusammenstellung klassifiziert, von 111 (leichte Wanderung mit höchstens 300 Höhenmetern Steigleistung und unter 2.000 m Höhe) bis 443 (Gletschertour mit über 900 Höhenmetern Steigleistung und unter 4.000 m Höhe), die Touren in diesem Büchlein nach diesen Vorgaben. Sind in einer Tourenbeschreibung mehrere Wanderziele oder Gipfelbesteigungen genannt, so werden diese hier in der Regel gesondert ausgewiesen.

111: Lazins Alm (14), Vigiljoch (16), Wieserhütte (24), Bodenalm (26), Astnerbergalm (27), Oberstaller Alm (31)

112: Rittner Horn (20)

121: GH Mutkopf (15), Naturner Alm (16), Wurzeralm (19), Völaner Alm (19), Moschwaldalm und Maiser Alm (19), Fanesalm (23), Pertinger Hütte (27)

122: Villanderer Alm (21), Tesselberger Alm (30)

213: Munt Pers (06), Rötelspitze (08)

222: Pischahorn (04), Mittager (18), Gitschberg (25), Böses Weibele (32), Mallnock und Klomnock (35), Falkertspitz und Rodresnock (36), Mirnock (38)

223: Piz Umbrail (07), Monte Scorluzzo (08), Im Hinteren Eis (13)

232: Seebodenspitze (09), Rotbachlspitze (22), Putzenhöhe (28), Birnlückenhütte (29), Rosennock (34), Wöllaner Nock (37)

233: Bella Tola (01), Flüela-Schwarzhorn (04), Tiergartenspitze (10), Schöntaufspitze (12)

242: Mutspitze (15), Schönbichl (30)

332: Hirzer (17), Ifinger (18), Klockerkarkopf (29)

333: Hinteres Schöneck (11)

342: Regenstein (33)

343: Hochwilde (14)

424: Breithorn (02)

433: Großmuttenhorn (03)

443: Piz Morteratsch (05)

Kleine Alpen-Geographie

Abgesehen von den in diesem Büchlein genannten drei Westalpengipfeln kann ich nur mit Ostalpentouren, also östlich der Linie Bodensee – Rhein – Splügenpass – Comer See, sowie mit ein paar Unternehmungen abseits der Alpen aufwarten. Im Unterschied zu den Westalpen besitzen die Ostalpen mit dem Piz Bernina (4.049 m), siehe Titelseite, nur einen einzigen Viertausender.

Als Abgrenzung der österreichischen und der Südtiroler Zentralalpen von den Nordalpen ist der Talzug Walgau – Klostertal – Arlberg – Stanzertal – Inntal – Zillertal – Gerlospass – Salzachtal – Wagrainer Höhe – Ennstal – Paltental – Schoberpass – Liesingtal – Murtal – Mürztal – Semmering – Schwarzatal unbestritten. Als Abgrenzung zu den Südalpen bevorzuge ich den Talzug Ultental – Etschtal – Eisacktal – Pustertal – Drautal, sodass also, entgegen der seit 1978 gültigen AV-Einteilung, die Ortlergruppe noch zu den Zentralalpen gehört. Die Reihung der Tourenvorschläge innerhalb der einzelnen Abschnitte erfolgt grosso modo von Westen nach Osten.

Es ist geplant, die Buchserie „Dieter Grillmayer: Aus meinem Tourenbuch" wie folgt zu gliedern bzw. fortzusetzen:

1. Zentralalpen I: Schweiz, Süd- und Osttirol, Kärntner Nockberge

2. Zentralalpen II: Rätikon und Silvretta, Nordtirol, Tauernregion und Ausläufer

3. Nordalpen I: Bayern, Westösterreich, Salzkammergut

4. Nordalpen II: Eisenwurzen, Pyhrn-Priel-Gesäuse, Östlicher Kalk

5. Südalpen: Nonsberg und Dolomiten, Karnische Alpen, Karawanken und Triglav

6. Abseits der Alpen: Böhmerwald, Riesengebirge, Hohe Tatra und quer durch Europa. Unter letzterem Sammelbegriff wären zum Beispiel die Besteigung der Olymp (2.918 m) im Jahr 1974, wenn ich noch Fotos dazu finde, aber auch so gemütliche Wanderungen wie die auf den Brocken (1.141 m) in Goethes Fußstapfen einzureihen.

Literaturverzeichnis

Zum Einzugsgebiet dieses Büchleins ist die in meinem Besitz befindliche Bergliteratur nicht gerade üppig, aber im Hinblick auf die projektierten Fortsetzungen soll es auch hierin schon eine Seite mit Hinweisen dazu geben. Die Bücher dienen mir zur Überprüfung von Daten, Bezeichnungen, gemachten Notizen und der verblassten Erinnerungen, können aber auch hinsichtlich weiterer Hinweise und der Beschreibung alternativer Routen und zusätzlicher Gipfelziele von Nutzen sein. Wo Unterschiede in der Beurteilung der Wegverhältnisse (und damit auch des Schwierigkeitsgrades und der Gehzeiten) auftreten, da ist das entweder auf echte Veränderungen, etwa durch Naturereignisse oder Baumaßnahmen zurückzuführen, solche Unterschiede können aber auch in subjektiven Faktoren, wie z. B. der persönlichen Tagesverfassung, ihre Ursache haben.

AUFERBAUER Günter und Luise: Bergtourenparadies Österreich, Kremayr & Scheriau, Wien 2001

BRUCKMANNS Wanderatlas Südtirol: Bruckmann Verlag GmbH, München 2002

FLAIG Walther: Kleiner Führer Bernina-Gruppe, Bergverlag Rudolf Rother, München 1973

FREYTAG-BERNDT u. ARTARIA: Wanderatlas Steiermark - Kärnten

KLIER Heinrich und Walter: Alpenvereinsführer Zillertaler Alpen, Bergverlag Rudolf Rother, München 1978

KÖNIGER/WEH: Führer durch die Walliser Alpen, Bergverlag Rudolf Rother, München 1978

KORBAJ Manfred: Bergwandern in Österreich, 2 Bände, Kremayr & Scheriau, Wien 1998

Reine Bildbände, die keine Tourenbeschreibungen enthalten, sind in dieser Aufzählung nicht berücksichtigt.

Abkürzungen

ca.	zirka
ehem.	ehemalig(er/es)
geogr.	geographisch(er/es)
ital.	italienisch(er/es)
österr.	österreichisch(er/es)
östl.	östlich(er/es)
sog.	sogenannt(er/es)
s. u.	siehe unten
u. a.	unter anderem
westl.	westlich(er/es)
z. B.	zum Beispiel
A	Autobahn
Alb.	Albergo (ital. Herberge)
AR	Autobahn-Raststätte
AV	Alpenverein
AVS	Alpenverein Südtirol
B	Bundesstraße (Deutschland, Österreich, Schweiz)
CAI	Club Alpino Italiano
DAV	Deutscher Alpenverein
Gem.	Gemeinde
GH	Gasthaus od. Gasthof
JH	Jagdhaus
NP	Nationalpark
OeAV	Österr. Alpenverein
ÖTK	Österr. Touristenklub
Rif.	Rifugio (ital. Schutzhütte)
SS	Staatsstraße (Italien)
TVN	Touristenverein Naturfreunde

Ferner werden die Zwischenhimmelsrichtungen grundsätzlich mit NO, SO, SW und NW abgekürzt.

Schätze der Mathematik:
FOLGEN und REIHEN

Dieser Lehrgang baut auf der Pflichtschul-Mathematik auf und führt den für die Höhere Mathematik grundlegenden Grenzwertbegriff ebenso exakt wie anschaulich ein. Weiters erlaubt dieses Thema, auf viele Schätze der Mathematik, wie sie (u. a.) von Archimedes, Euklid, Fibonacci, Pascal, Euler, Gauß und Cantor gehoben worden sind, einzugehen. Bei aller fachlichen Wissensvermittlung steht das Bemühen im Vordergrund, das wesentlichste Bildungsziel der Mathematik an Gymnasien zu fördern, nämlich logisch, strukturiert, ganzheitlich, vernetzt und nachhaltig denken zu lernen und diese Fähigkeit in allen Lebenslagen anwenden zu können.

ISBN 9783738656923, 100 Seiten, A5-Format, 2. Aufl. 2015, € 6,--

Früchte der Mathematik:
KARTOGRAPHIE

Das Thema der Kartographie sind die vielfältigen Methoden, welche zur Abbildung der runden Erde auf eine Ebene im Verlauf von gut zwei Jahrtausenden entwickelt worden sind. Dabei handelt es sich im Wesentlichen um angewandte Mathematik, und zwar vornehmlich im Bereich der konstruktiven und der Koordinatengeometrie sowie der ebenen Trigonometrie. Mit dieser Publikation verfolgt der Autor die Absicht, das Thema so kompakt und verständlich wie möglich, aber auch so präzise wie möglich darzustellen. Vor allem aber versteht er dieses Sachbuch als Beitrag zu einer fundierten Allgemeinbildung und hofft auf eine daran interessierte Leserschaft. Diesem Ziel dient nicht zuletzt das Eingehen auf historische Daten und Abläufe sowie auf die großartigen Leistungen europäischer Geistesgrößen im nämlichen Zusammenhang. Schließlich haben diese die abendländische Kulturlandschaft ganz maßgeblich mitgestaltet.

ISBN 9783748144595, 100 Seiten, A5-Format, 2. Aufl. 2019, € 6,--

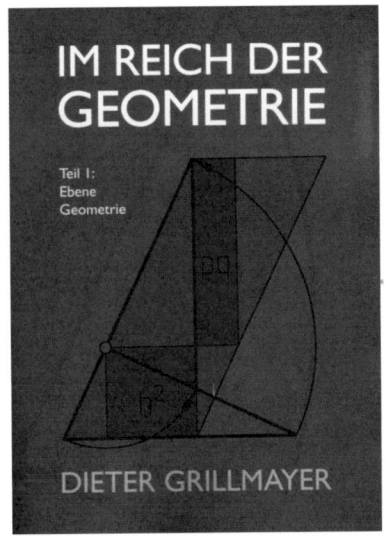
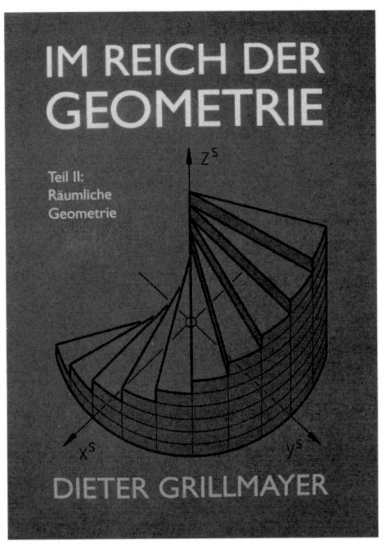

Das Buch „Im Reich der Geometrie" (Teil I: Ebene Geometrie, Teil II: Räumliche Geometrie) wurde aus Freude an Geometrie für Freunde der Geometrie geschrieben, insbesondere für solche, die verschüttetes Wissen und Können wieder ausgraben wollen. Es enthält in kompakter Form einen sowohl hinsichlich rechnerischer, insbesondere algebraischer, als auch konstruktiver Geometrie durchkomponierten Lehrgang, dessen Abfolge den schulischen Geometrieunterricht nachvollzieht, in beiden Teilen aber über das Reifeprüfungsniveau hinausführt.

Auf Grund der zahlreichen Anregungen zum „Weiterdenken" könnte das Buch auch mithelfen, entsprechend begabte Schülerinnen und Schüler für eine erfolgreiche Teilnahme an Mathematik-Wettbewerben fit zu machen und bei der Abfassung vorwissenschaftlicher Arbeiten in Mathematik oder Darstellender Geometrie zu unterstützen.

Herstellung und Verlag:
Books on Demand GmbH, Norderstedt

Teil I: ISBN 978-3-8370-2335-0, 196 Seiten, Großformat, € 19,80
Teil II: ISBN 978-3-8391-5593-6, 212 Seiten, Großformat, € 19,80

Semper et ubique
Unvergängliches und allgegenwärtiges Latein

In einer Bildungsgesellschaft sollte unbestritten sein, dass Latein ein abendländisches Kulturgut ersten Ranges ist, dem im Schulunterricht die Funktion eines europäischen Integrationsfaches zukommt. Der Praxisbezug ist dadurch gegeben, dass das Lateinische eine gute Grundlage für das Erlernen lebender Sprachen darstellt, dass es für das Fremdwörter-Verständnis einen wichtigen Beitrag leistet und dass Latein vermöge seiner strengen Grammatik das Verständnis für die Struktur der Muttersprache – oder besser noch von „Sprache an sich" – fördert. „Semper et ubique" möchte dazu beitragen, dieses Bewusstsein zu festigen. Neben einem grundlegenden Grammatikwissen vermittelt das Büchlein den Zugang zu Hunderten von lateinischen Spruchweisheiten, Floskeln und Fremdwörtern, ihrer Herkunft und Übersetzung, eingebettet in das historisch-kulturell-politische Umfeld.

Dieses Lateinbüchlein wurde unter den bei BoD herausgebrachten Publikationen des Autors zur absatzmäßig bisher erfolgreichsten.

ISBN 978-3-7386-2576-9, 96 Seiten, A5-Format, 2. Aufl. 2015, € 6,-